그림책
일단 끝까지 만들고 보자

장세진(손그림송송) 지음

지은이 **장세진(손그림송송)**

그림과 책을 좋아합니다. 그림과 책을 통해 배우고 좋은 영향을 많이 받았기에 그림과 책을 통해 나누려합니다. 저서로는 〈까망별 이야기〉, 〈제주 버킷 리스트 31〉, 〈당신에게 전하는 제주꽃 백송이〉, 〈까망씨 이야기〉 등 다수가 있습니다.

그림책 일단 끝까지 만들고 보자

초판 발행 2025년 10월 25일

지은이　장세진
발행처　손그림송송
이메일　jangse0731@gmail.com
인스타그램　songrimsongsong
출판사 등록일　2019.3.5 제 652-2019-000003호
ISBN　979-11-988729-1-3 (13650)

- 이 책은 저작권법에 따라 보호받는 저작물이므로 무단 전재와 복제를 금합니다.
- 책 내용의 전부 또는 일부를 이용하려면 작가, 출판사 양측의 동의를 받아야합니다.
- 잘못된 책은 구입하신 곳에서 바꿔 드립니다.

ⓒ 장세진, 2025

일단 시작하며 | ▶

2019년, '뭘 기다려? 내가 직접 해보자.'

 그때엔 그림책 관련 실용서적이 있을 거라는 생각도, 찾아볼 생각도 못 했습니다. 출판사에 내 글과 그림을 내밀어도 안될 거라는 확신뿐이었습니다. 오직 머릿속을 맴도는 스토리, 작은 그림 실력, 그리고 소장한 그림책들, 막무가내 정신이 전부였습니다.

 열망했기에 기를 쓰며 달렸습니다. 생각을 머리 밖으로 꺼내 종이에 적었습니다. 그림을 그렸습니다. 다른 작가들의 그림책을 보며 표지, 면지, 표제지, 판권지, 내지를 디자인했습니다. 인디자인도 몰랐습니다. 사용해오던 포토샵과 일러스트레이션 프로그램을 활용했습니다. 출판사 신고를 하고, ISBN 번호를 부여받았습니다. 소량 제작 주문이 가능한 인쇄소를 찾아 책을 만들었습니다.

 첫 책이 도착했습니다. 기대만큼이나 잘 포장된 박스 테이프가 얼마나 성가시던지요. 무선 제본에 코팅도 안 한 책들이 제 눈에는 반짝여 보였고, 단단했고, 뿌듯했습니다.

 또 다른 책을 만들어야겠다 생각했습니다. 첫 책이 완성되기까지 너무 힘든 과정을 거쳤기에 엄두가 나지 않았습니다. 하지만 첫 책을 통해 배운 것이 있습니다. 멈추지만 않으면 끝은 반드시 온다는 것. 일단 짧게라도 적어보자 했습니다. 적고 보니 다듬자 했습니다. 다듬으니 그림 그리자 했습니다. 하나만, 하나만, 오늘도 하나만...그렇게 두 번째, 세 번째...아홉 번째 책도 만들었습니다.

 아이디어가 책이 되는 것은 무(無)에서 유(有)로 차원을 넘어서는 과정입니다. 병아리가 알을 깨고 세상으로 나오는 것 만큼이나 힘듭니다. 하지만 일단 나오면 알게 됩니다. 오늘 단 한 걸음만 걸으면 된다는 것을. 멈추지만 않으면 된다는 것을.

 마침내 도달한 종점에서 마음 가뿐히 뒤돌아보게 될 겁니다. 그리고 즐겁게 다듬어가게 될 겁니다.

 단 1권이라도 인쇄, 제작해 보세요. 그 기쁨을 꼭 맛보여 드리고 싶습니다.

일단 시작하세요. 작은 시작이 가장 큰 시작입니다.

돌고래가 보이는 작은 바닷가 마을에서
장세진 드림.

- 이 책은 컴퓨터 운영체제 윈도우, 인디자인 한글 버전을 기준으로 서술했습니다.

Q 작업 중 궁금했던 것에 대해 설명합니다.

TIP 부연 설명, 관련 정보 등을 설명해 놓았습니다.

My Case 실제로 저자가 경험했던 것을 적었습니다.

기타 참고 사항 입니다.

차례

- **일단 시작하며 3**

- **훑어보기 8**

- **일단 끝까지 만들고 보자 12**
  - 함께 만들어 볼 구성 15
  - 작업 전 인쇄소 홈페이지에서 확인하기 17
  - 소재 찾기 및 이야기 구성하기 18
  - 그림 그리기 19
  - 그림 파일 준비하기 20
  - 본문 그림 편집하기 21
  - 34~37 페이지 이미지 편집하기 27
  - 작가 소개 이미지 편집하기 29
  - 인디자인-내지 편집하기 34
  - 문서 오류 검사하기 47
  - 텍스트 윤곽선 만들기 48
  - 내지 PDF 내보내기 50
  - 인디자인-표지 편집하기(반양장제본) 52
  - 표지 PDF 내보내기 59
  - 인쇄 주문하기 60
  - 인디자인 기능 조금 더 알아보기 63

- **더 알아보기 67**
  - 그림책에도 이론이 있을까? 68
  - 그림책에도 종류가 있을까? 70
  - 내 안에서 나만의 소재를 찾으려면? 73

내 안에서 발견한 소재로 이야기 만들기 실전 팁 **79**
글은 어떻게 쓰지? **83**
스토리보드가 뭐지? **87**
그림책 속 그림은 무조건 잘 그려야 좋은 걸까? **90**
그림책 속 그림 그릴 때 체크 사항 **93**
저는 이렇게 그렸어요 **95**
도련이 뭐지? **97**
인쇄할 때 해상도는 왜 300일까? **98**
RGB, CMYK 무슨 차이지? **99**
글꼴도 막 쓰면 안되는 거야? **100**
책에도 명칭이 있어? **101**
표지 디자인 어떻게 하지? **102**
판형이 뭐야? **103**
어떤 용지를 사용해야 하지? **106**
제본이 뭐야? **107**
가제본 만들어야 하나? **108**
책 만들고 파는 거 혼자도 가능할까? **109**
내 책을 어디서 어떻게 팔지? **110**
책값은 어떻게 매기지? **111**
계속해서 작업하는 팁 **112**

- 마치고 보니 **114**
- 참고 문헌 **117**

훑어보기

그림책 만들기, 후루룩 훑어 볼까요?

그림책, 어떻게 만들지?

 요약하면 다음과 같습니다.
 기획하기(글, 그림) 〉 스토리보드 만들기(그림, 글 포함) 〉 그림 그리기 〉 포토샵, 일러스트레이터, 인디자인 등으로 편집하기 〉 가제본 만들기 〉 수정, 보완하기 〉 (출판사 신고–사업자 등록–ISBN번호 부여) 〉 책 인쇄 및 제작 〉 홍보 및 판매하기

인쇄 및 책 제작은 어떻게 하지?

 인터넷 홈페이지에서 책 사이즈, 종이 종류, 쪽수 등을 입력해 자동 계산된 견적대로 결제해 주문이 가능한 인쇄소들이 여러 곳 있습니다. 단 1권부터 제작 가능한 곳도 있습니다.
 대량으로 인쇄할 경우(보통 '몇 권 이상은 전화주세요.' 같은 안내문이 있습니다.)는 단가가 달라지기 때문에 전화나 메일을 통해 견적을 의뢰하면 됩니다.

제가 주로 사용한 그림책 만들기 과정은 다음과 같습니다.

1 어떤 그림책을 만들지 기획합니다.
 • 등장인물, 이야기 속 사건들, 내가 전하고 싶은 메시지, 독자가 느꼈으면 좋겠는 것, 대상(어린이, 청소년, 성인, 주부, 청년 등) 등을 브레인스토밍합니다.
 • 필요시 자료 조사를 합니다.
 • 그림책 그림의 스타일도 이때 구상합니다. 이야기의 분위기를 파악한 후 부드럽게, 거칠게, 연하게, 어둡게 정도의 대략적인 느낌을 정합니다.

2 그림 또는 글로 전체 흐름을 구성합니다.
 • 사람에 따라 글이 먼저 떠오르기도, 장면이 먼저 떠오르기도 합니다. 저는 장면이 먼저 떠올라 그림을 대략적으로 그립니다.
 • 책을 몇 장으로 구성할지 정합니다.(내지, 속표지, 판권지 등을 모

두 포함해 장수를 정합니다. 인쇄소에서 제작할 땐 짝수로 작업해야 함을 참고하세요.)
- 책 형태를 정합니다. (판형:A4, A5, B5, 정사각형, 직사각형 등)

3 스토리보드 만들기
- 앞에서 정한 판형으로(여기서는 직사각형, 정사각형 정도만 정해요.) 책을 펼쳤을 때 양면 합친 비율대로 작은 종이를 준비합니다.
- 간단한 스케치로 그림을 그리고 글 넣을 위치를 정합니다.
- 큰 판에 모든 장면을 붙여 한 눈에 들어오게 배치합니다.
- 전체적으로 그림과 글의 흐름을 보며 수정, 보완합니다.

4 원화그리기
- 컴퓨터로 그릴지 연필이나 붓 등으로 그릴지 정합니다.
- 빈티지 스타일, 파스텔톤, 쨍한 느낌, 세밀화, 단순화 등 그림 스타일을 정합니다.
- 결정한 판형의 비율을 고려해 종이를 준비합니다.
- 이야기의 장면을 생각하며 원화를 그립니다.
- 글을 직접 써넣지 않고 컴퓨터 프로그램을 통해 입력하므로 글이 들어갈 위치에는 복잡한 이미지를 피합니다.

5 스캔
- 스캐너나 카메라로 이미지를 캡쳐합니다.

6 보정하기
- 포토샵으로 이미지를 보정합니다.

7 편집, 디자인
- 인디자인으로 이미지와 글을 넣어 표지, 내지 파일을 만듭니다.

8 ISBN 발행
- 서지유통정보센터에서 ISBN번호 발행 신청합니다. (요즘은 ISBN번호 발행을 대행해주는 곳들도 있으니 참고하세요.)

9 인쇄
- ISBN번호가 들어간 바코드 이미지를 표지에 넣어 편집 후 인쇄소에서 책 제작 주문합니다.

10 홍보, 유통, 판매
- 온라인(네이버 스마트 스토어, yes24, 알라딘, 인디펍 등)과 오프라인(서점, 독립서점, 각종 북페어, 플리마켓 등)에서 판매합니다.

일단 끝까지 만들고 보자

이제 정말 끝까지 만들고 봅시다! Go! Go!

막상 책을 만들려 하면 막막합니다. 글 쓰랴, 그림 그리랴, 편집하랴, 편집은 또 뭐로 하나, 책을 1권만 만들어주는 곳은 있을까, 경험이 없으니 어떻게 접근해야 할지도 모르겠고, 고민만 잔뜩 하다 시작하기도 전에 지레 겁먹고 포기하게 됩니다. 마음에서는 벌써 책 한 권이 손에 들려있는데 말이죠.

 제 시작은 미약했습니다. 매 순간 이야기라도 만들고 보자, 그림이라도 그리고 보자, 편집하고 보자, 인쇄 가능한 곳 있으면 무조건 주문하고 보자, 보자, 보자, 하고 보니 벌써 열 권에 가까운 책들이 만들어졌습니다.

 저는 그림책 만들기를 독학으로 시작했습니다. 그래서 그 암담함, 조급함, 매 순간의 불안, 어디서 만들지 몰라 고민했던 기억, 완성된 책을 받아보았을 때의 기쁨을 잘 알고 있습니다.

 불안함 가운데 두 번째, 세 번째 책을 만들 수 있었던 것은 첫 번째 책 때문이었습니다. 내용이 빈약해도, 그림이 완벽하지 않아도 괜찮습니다. 일단 책의 형태로 만들어내 보세요. 만들기 전과 후의 책을 대하는 마음은 하늘과 땅 차이만큼이나 클 겁니다. 여기 그 시작을 함께 해 드리겠습니다.

 '괜찮을까? 이상한 거 아냐?' 멈칫 할 땐 '일단 Go'를 외치세요.

 자, 우리 일단 끝까지 만들고 봅시다.

이번 챕터의 목표는 다음과 같습니다.
- 글, 그림의 완성도보다는 미흡하더라도 한 권의 책을 끝까지 만들어 봅니다.
- 단순한 기획부터 편집, 주문까지 모두 순서대로 다룹니다.

정말 많은 인쇄소들이 있습니다. 그 중 인터넷에서 직접 견적을 확인하고 주문 가능한 곳을 검색하던 중 한 곳을 선정했습니다. 이와관련해 다음을 참고해 주세요.
- 인쇄소 홈페이지 화면은 2025년 버젼입니다.
- 시기마다 홈페이지 안내사항, 사용 가능한 용지, 용량 등이 바뀔 수 있습니다. 이 책을 참고해 만들 때 반드시 인쇄소 홈페이지 내 안내사항도 함께 확인하세요.
- 인쇄소마다 견적도 조금씩 다르니 대량 제작시 여러 곳을 비교해 보세요.
- 책 제작 예시 인쇄소는 '북토리'로, 이곳에서 안내하는 사항을 기준으로 그림책 구성 및 설명합니다. 제작 방식을 이해하면 타사 주문시에 도움이 될 겁니다.
- 인쇄소 홈페이지 화면 일부는 당사의 허가를 득해 첨부하였습니다. 적극 허락해 주신 북토리에 감사드립니다.

모든 것을 다 담을 수 없어 제가 그림책을 만들 때 주로 사용한 방법, 유용했던 기능 중심으로 구성했습니다.

함께 만들어 볼 구성

 하드커버 책자는 일반 제본과는 달리 아래 조건이 충족되어야 제작 가능합니다.
- 책등 사이즈 최소 8~10mm(하드커버 두께 포함)
- 내지 종이 평량 140g이하

'일단 그림책을 만들어본다'는 단순한 목표로 너무 많은 장면은 피해야겠다 생각했습니다. 인쇄소에서 제시하는 조건을 충족하는 최소 장면 수는 40페이지로 다음과 같이 구성했습니다.

- 판형 : 하드커버(각), 국제 크라운판(178*254mm)
- 종이 : 표지 - 기본 옵션 (백색 150g)
         내지 - 랑데뷰 울트라화이트 130g, 총 40페이지

위 구성대로 실제로 만들어 봤습니다.
- 예시 결과물 :

상세 내지 구성

- 1 페이지 : 표제지 (책 제목)
- 2 페이지 : 판권지 (제목, 저자, 출판사 정보 등)
- 3 페이지 : 저자 소개 (사진, 소개글)
- 4~33 페이지 : 본문 (본문에 들어가는 이미지는 펼침면 기준, 양면 가득한 그림 총 15장면입니다.)
- 34~37 페이지 : 관련 사진 또는 자유 이미지 (본인 선택에 따라 본문 2장면으로 대체 가능합니다.)
- 38, 39 페이지 : 소감문
- 40 페이지 : 공란 또는 짧은 멘트

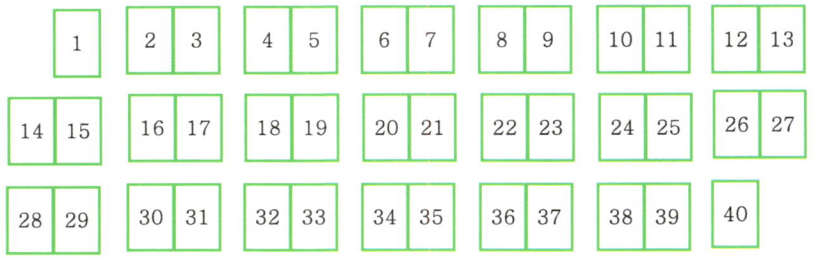

표지 구성

- 앞표지 : 본문 중 그림책을 대표할 만한 이미지 일부 사용
- 책등 : 제목, 저자 이름
- 뒤표지 : 추천사 또는 자유롭게 꾸미기

작업 전 인쇄소 홈페이지에서 확인하기

 온라인에서 소량으로 책 주문이 가능한 곳이 많이 있습니다. 인쇄소마다 견적과 주문 방식이 조금씩 다를 수 있습니다. 작업에 들어가기 전 반드시 인쇄소에서 안내하는 작업 방식, 사이즈를 확인한 후 진행하길 권합니다.

- 북토리에서는 다음과 같이 제작 사항을 확인할 수 있습니다.
 1 북토리(https://booktory.com/)에 접속합니다.
 2 상단 왼쪽 [제작 가이드] 또는 [Digital 소량견적]에서 판형에 따른 제작 사이즈를 상세히 확인하세요.

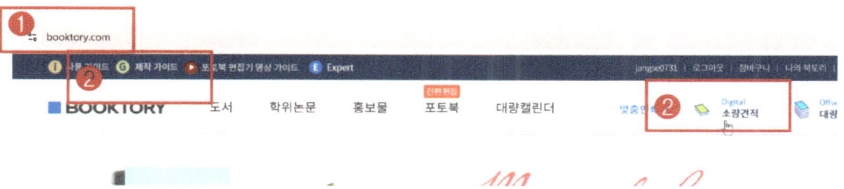

소재 찾기 및 이야기 구성하기

1 아래 제시하는 주제 중 하나를 택해 브레인스토밍하며 적어봅니다. 구상중인 내용이나 작업 중인 이야기가 있다면 그것으로 진행해도 좋습니다.

- 지난 1년간 기억에 남는 일들
    Ex) 걷기, 설산 등산, 여행, 취업 준비, 책 읽기, 동네 책방 투어 등
- 내가 좋아하는 것들
    Ex) 카페, 음료, 음식, 나라, 신발, 옷 등

꼭 이야기 형식으로 만들지 않더라도 좋아하는 것들, 경험했던 일들을 단순히 나열해도 괜찮습니다.

2 작성한 소재 중 15개를 고릅니다.
3 첫 번째부터 마지막까지 순서를 정합니다.
4 작은 종이에 간단하게 각 장면을 스케치하고, 짧은 글을 적습니다.

5 한 곳에 순서대로 배치해 전체적인 흐름을 확인합니다. 어색하지 않다면 일단 Go!

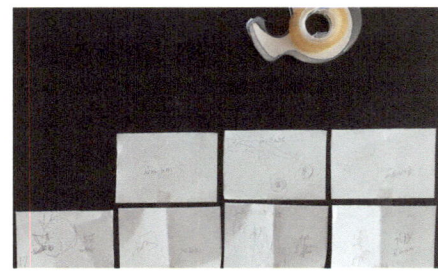

그림 그리기

본문에 들어갈 그림 15장면을 그립니다. 그림 스타일, 그림의 완성도에 너무 연연하지 마세요. 내 손이 가는 대로 즐겁게 그림을 그리고 채색해 보세요.

- 내지 그림

책을 펼쳤을 때 양면 가득 들어갈 그림을 그립니다.

A4 용지를 가로로 놓고, 한 장에 한 장면씩 총 15장면을 그립니다.

(참고 : 판형을 고려해 그림 그릴 종이는 가로 7 : 세로 5 비율의 종이가 적당합니다. A4용지의 경우 가로로 놓았을 때 양쪽 끝 약 1cm가 잘린다고 생각하세요.)

글이 들어갈 부분은 복잡한 그림을 피합니다. 인디자인 프로그램에서 글을 입력할 것입니다.

그림 파일 준비하기

1 원본 이미지를 디지털 파일로 전환합니다.
스캐너나 카메라로 원본 그림을 스캔합니다.

> **TIP 핸드폰 카메라로 촬영 시 사진 찍기**
>
> 카메라 촬영 시 최대한 그림자가 지지 않도록 다음을 참고하세요.
> - 자연광은 인공 조명과 달리 자연스러워 그림자를 줄이는 데 효과적입니다. 오전이나 오후에는 빛이 확산되어 피사체에 고르게 빛이 닿아 그림자가 덜 집니다.
> - 직사광선 보다는 자연광이 고르게 퍼지는 나무 또는 건물 그늘 같은 곳이 좋습니다. 실내에서 촬영할 때는 창가 근처가 좋습니다.

> **My Case**
>
> 야광색 또는 광택이 나는 재료를 사용했다면 스캐너가 아닌 카메라 촬영을 추천합니다. 스캐너는 빛의 반사를 통해 이미지를 스캔하기 때문에 회색 또는 거뭇하게 스캔됩니다.
> 작업 초기, 원본 그림을 카메라도 촬영할 때 그림자가 지지 않게 하려고 온 집안을 휘젓고 다녔던 기억이 납니다. 그 결과 오전에 창가 근처에서 창문을 등지지 않고 옆에 두고 촬영합니다.

2 작가 소개에 들어갈 사진 또는 대표 이미지를 준비하세요.
3 34~37페이지에 넣을 이미지들을 여러장 준비하세요.
본문 내용과 관련한 사진들, 그림책 작업 중에 촬영한 사진 등 추억할 만한 것 등을 준비합니다. 개인 선택에 따라 본문 내용 2장면으로 대체해도 좋습니다.
4 분문 그림 중 표지에 사용할 대표 이미지(또는 이미지 일부)를 고릅니다.

본문 그림 편집하기

포토샵, 인디자인 설치

어도비 홈페이지(https://www.adobe.com/kr)에 접속해 [도움말 및 지원] 클릭, [다운로드 및 설치]에서 체험판 또는 유료구매로 설치합니다.

1 [포토샵 프로그램]을 더블클릭해 실행합니다.

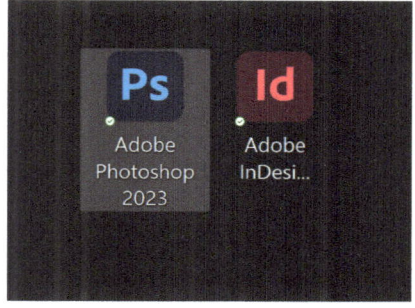

2 [새 파일] 클릭합니다.

QR코드로 접속해 보세요.

 [포토샵 본문 이미지 편집용 템플릿], [인디자인 본문 편집용 템플릿], [포토샵 앞표지 이미지 편집용 템플릿], [표지 편집용 템플릿]을 다운받아 활용해 보세요.

3 내지 펼침면 사이즈(단위: mm)는 가로 178+178=356, 세로 254 입니다. 여기에 도련(p.97 참고) 왼쪽3+오른쪽3=6, 위3+아래3=6을 더하면 가로 362, 세로 260이 됩니다. 폭에 가로 값 362, 높이에 세로 값 260을 입력합니다. 단위는 '밀리미터' 선택합니다.

해상도 300(p.98 참고), 색상모드 CMYK(p.99 참고)로 설정해 줍니다.

[만들기]를 클릭해주세요.

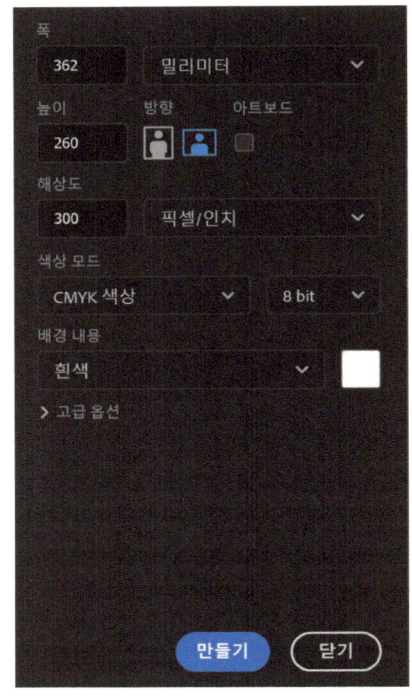

주의!!
작업 사이즈는 인쇄 요청할 인쇄소 안내 사항에 맞춰 작업합니다. 여기서는 '북토리'에서 안내하는 사항에 따라 진행합니다.

4 편집해 줄 이미지를 불러옵니다. [파일-열기] 또는 Ctrl+O키를 누릅니다.

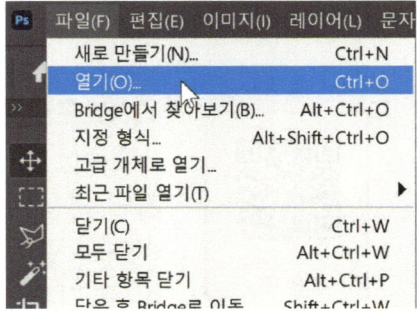

5 이미지를 선택하고 [열기]를 클릭해 이미지를 엽니다.

6 Ctrl+a 이미지 전체를 선택합니다. 그림 사방에 점선이 보이면 선택된 상태입니다.
Ctrl+c 복사합니다.

7 처음에 만들었던 새창으로 이동합니다. 붙여넣기 Ctrl+v 합니다. Ctrl+t를 눌러 다음을 참고해 크기 조절합니다.
파란색 사각형 모양의 조절점에 마우스 포인트를 가져가면 화살표 모양으로 바뀝니다.

가로, 세로, 대각선 방향으로 크기를 조절합니다. Shift키를 누른 상태에서 드래그하면 비율을 일정하게 유지하며 크기를 조절할 수 있습니다.

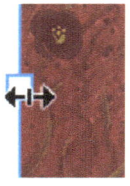
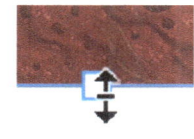

23

TIP 개체 회전하기

방법 1
조절점 가까이 마우스 포인트를 가져가 회전 형태가 나타나면 마우스 왼쪽을 누른 상태에서 좌우로 회전시켜줍니다. Shift를 누르고 돌리면 15도씩 회전합니다.

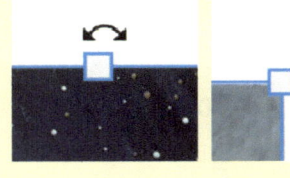

방법 2
상단 옵션 바에 숫자를 넣어 회전합니다.

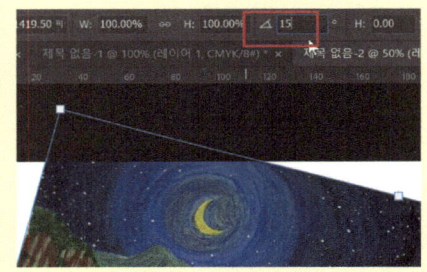

방법 3
[편집-변형-180도 회전, 시계 방향 90도 회전, 시계 반대 방향으로 90도 회전]을 사용합니다.

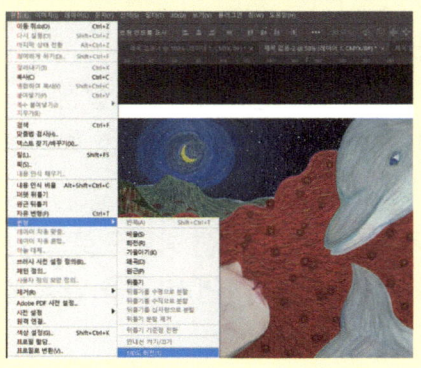

8 크기와 각도 조절 후 Enter키를 눌러 완료합니다.

9 불러온 이미지는 RGB 모드, 새로 만든 창은 CMYK 모드입니다.

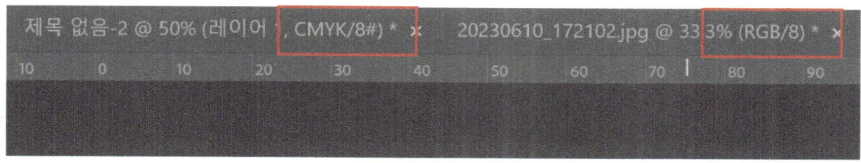

　RGB모드의 이미지를 CMYK모드에 붙여넣기하면 살짝 어두워집니다. 채도를 높여 밝게 해줍니다. (명도, 채도, 색상 등의 조절은 p.33 참고)

10 [이미지-조정-색조/채도] 또는 Ctrl+u 눌러 줍니다.

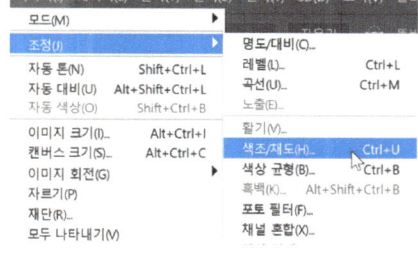

11 채도에 값을 넣거나 슬라이드를 이동해 원하는 밝기로 조절합니다. 미리보기 체크박스를 체크해 밝기를 확인하며 조절합니다.

12 [파일-사본 저장] 클릭합니다.

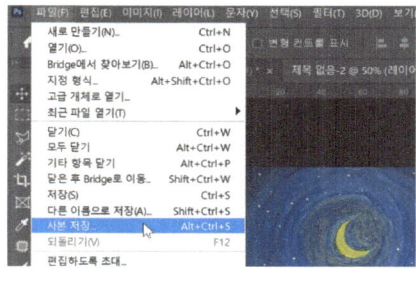

25

13 파일 이름을 입력하고 파일 형식 JPEG(*.JPG, *.JPEG,*.JPE)를 선택해 저장합니다.

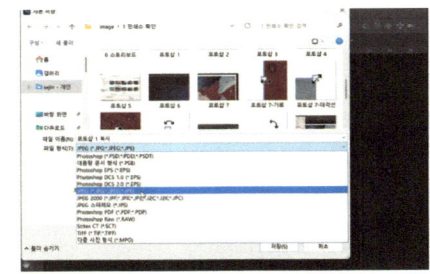

14 나머지 그림도 모두 동일하게 편집해 주세요.

양면이 아닌 한 면에 글, 한 면에 그림을 배치하려는 경우
한 면 사이즈는 가로 178+3(왼쪽 또는 오른쪽 도련 크기)=181, 세로 254+3(위 도련)+3(아래 도련)=260mm 입니다. 폭 181mm, 높이 260mm, 단위 밀리미터, 해상도 300, 색상 모드 CMYK로 새 창을 만들어 작업해 주세요.

34~37 페이지 이미지 편집하기

본문 내용과 관련한 이미지 또는 추억할 만한 이미지들로 구성합니다. 본문 내용으로 대체하셔도 됩니다.

1 본문과 동일한 크기로 편집합니다. [파일-새로 만들기] 클릭합니다.

폭 362, 높이 260, 단위 '밀리미터', 해상도 300, 색상모드 CMYK로 설정하고 [만들기] 클릭해 새 창을 만들어 줍니다.

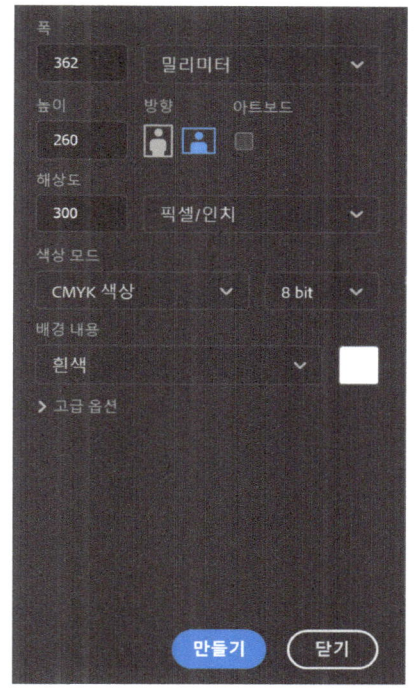

2 [파일-열기] 또는 Ctrl+O로 삽입할 이미지들을 엽니다. 하나씩 복사해 새 창에 붙어넣어 줍니다. 위치와 크기를 조절해 꾸며줍니다. RGB파일을 CMYK에 붙여넣어 살짝 어두워진 톤도 조절해 주세요.

3 34, 35페이지에 들어갈 이미지 1개, 36, 37페이지에 들어갈 이미지 1개, 총 2개 만들어 각각 저장해 주세요.

작가 소개 이미지 편집하기

작가 소개란에 들어갈 이미지의 크기와 색상 모드를 편집합니다.

1 [파일-열기] 이미지를 불러옵니다.

2 색상 모드를 확인합니다. RGB인 경우 다음과 같이 변경합니다. (CMYK로 되어 있으면 모드변환 없이 그대로 사용하세요.)

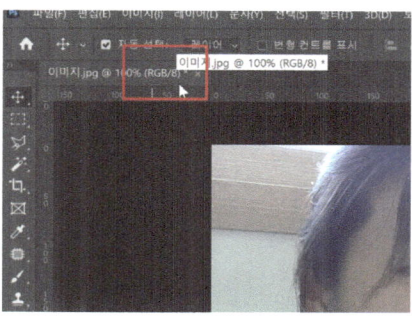

3 [이미지-모드-CMYK 색상을 클릭합니다. RGB에서 CMYK 모드로 변경 되었습니다.

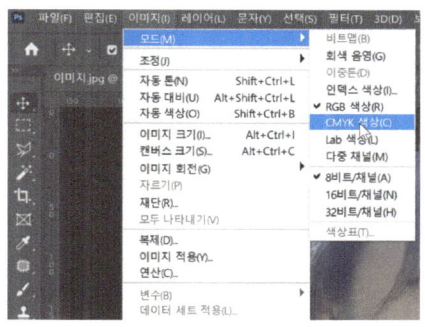

4 작가소개에 들어갈 이미지 크기를 수정합니다. [이미지-이미지 크기]를 클릭합니다.

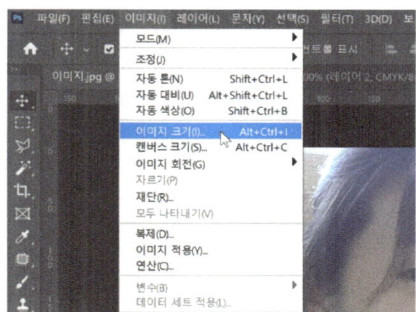

29

5 ❶ [리샘플링] 체크 합니다.
❷ [단위]를 센티미터 또는 밀리미터로 설정합니다. ❸ 원하는 사이즈를 입력합니다. 한 면 사이즈가 가로 178, 세로254mm입니다. 들어갈 소개글도 있으니 이를 참고해 크기를 정합니다. (인디자인에서 크기 조절도 가능합니다.)

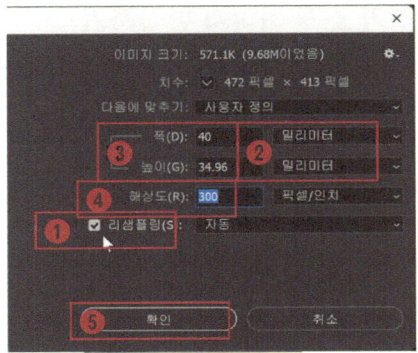

❹ [해상도]에 300 입력합니다.
❺ [확인]을 클릭합니다.

사슬이 연결되어 있으면 자동 비율이 적용되어 '폭' 사이즈만큼 '높이'는 자동 입력됩니다. 자동 비율 적용을 원하지 않을 경우 사슬모양 아이콘을 클릭하면 연결 선이 사라지고 각각 입력 가능합니다.

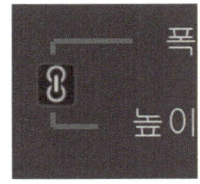 자동 비율 적용   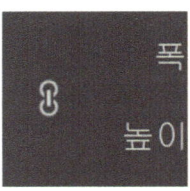 자동 비율 해제

6 이미지를 저장합니다.

TIP 이미지 편집

• 흰 배경에서 피사체 선택하기

[선택-피사체]를 클릭합니다. 피사체만 자동으로 선택됩니다.

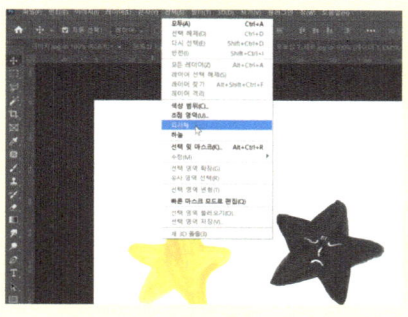 

• 잡티 제거하기 1 - 도장툴

도구에서 [복제 도장 도구]를 선택합니다.

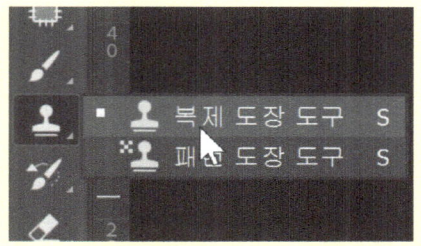

상단 옵션바에서 브러쉬 크기를 조절합니다. 숫자를 입력하거나 슬라이더를 이동해 크기를 조절합니다.

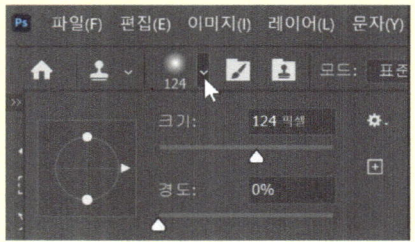

복사하려는 곳에 마우스 포인트를 놓고 Alt키를 누른 상태에서 클릭해 복사합니다. 붙여 넣을 곳 위에서 클릭 또는 드레그해 복제해 줍니다.

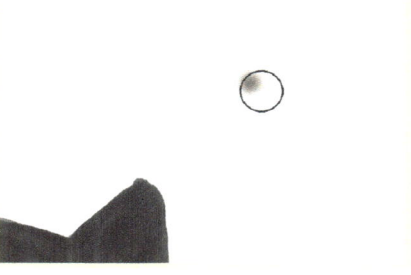

- **잡티 제거하기 2 – 패치툴**

도구의 [패치툴]을 선택합니다.
수정하려는 부분을 영역지정합니다. 선택된 부분을 드래그해 복제하려는 위치에서 손가락을 뗍니다.

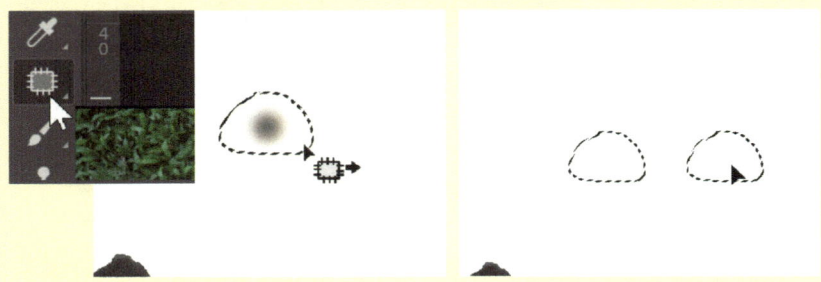

- **배경색 내용인식으로 채우기 (단순 배경에 유용)**

채우려는 영역을 선택합니다. 선택 영역 위에서 마우스 우클릭합니다. [내용 인식 채우기] 선택합니다. [확인]으로 완료합니다.

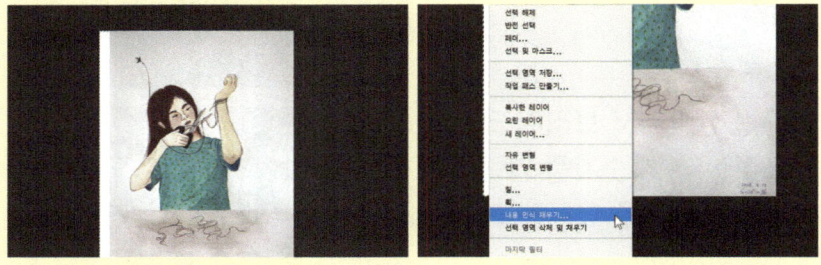

또는 선택 영역 위에서 마우스 우클릭, [칠] 선택합니다. [내용]의 [내용 인식]을 선택합니다. [확인]으로 완료합니다.

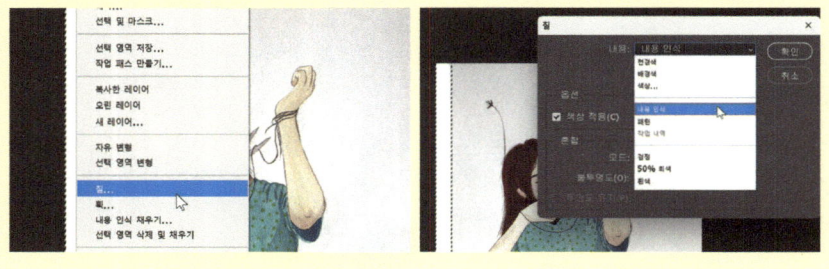

• 이미지의 밝기, 선명도, 대비 등 조절하기

이미지의 명도, 채도, 대비, 톤 등의 편집은 [이미지-조정] 하위 메뉴 [명도/대비], [레벨], [곡선], [색조/채도], [색상 균형] 등을 사용합니다.

각각의 대화상자를 열어 [미리보기 체크박스]를 체크해 변화를 보며 조절해 줍니다. 여러 번 사용하다보면 자신에게 편리한 기능을 선택하게 될 거예요.

[이미지-자동 톤, 자동 대비, 자동 색상]으로 수정해주는 기능도 있습니다.

대화상자의 형태에 따라 다음과 같이 조절해 보세요.

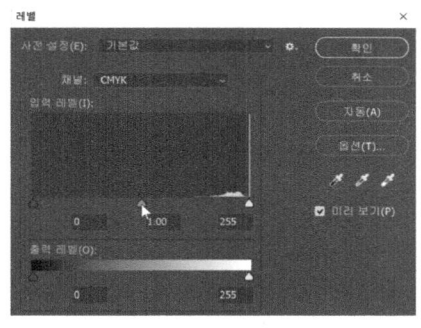

슬라이더를 움직여주거나 숫자를 입력해 조절해 줍니다.

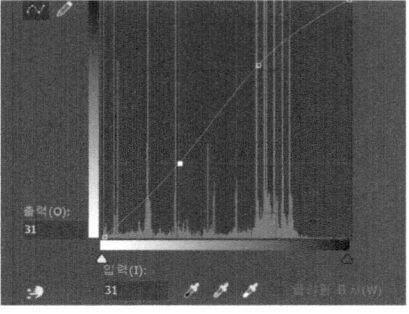

선 위를 클릭해 점을 추가합니다. 점을 위, 아래로 끌어 조절합니다.

인디자인-내지 편집하기

 인디자인에서 글, 그림을 편집해 인쇄소 주문 시 사용할 PDF파일을 생성해 보겠습니다.
 워드와 포토샵 프로그램에 익숙하다면 인디자인 프로그램을 어렵지 않게 사용 가능할 겁니다.
 본문 내용이 들어가는 내지 파일과 앞표지, 책등, 뒤표지가 들어가는 표지 파일을 따로 만듭니다. 하나 하나 천천히 따라해 보세요.

새 파일

1 [인디자인 프로그램]을 더블 클릭해 실행합니다.

2 [새 파일]을 클릭합니다.

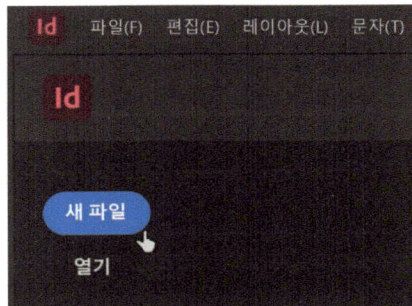

3 다음과 같이 값을 입력하고 설정합니다.
- 단위 : 밀리미터
- 폭 : 178
- 높이 : 254
- 페이지 : 40
- 페이지 마주보기 : 체크

(체크 : 책을 펼쳤을 때처럼 두 면이 붙어있는 형태로 편집합니다.
체크 해제 : 낱장의 문서로 파워포인트 슬라이드 한 장과 같은 개념입니다.)
- 도련 : 사방 각 3

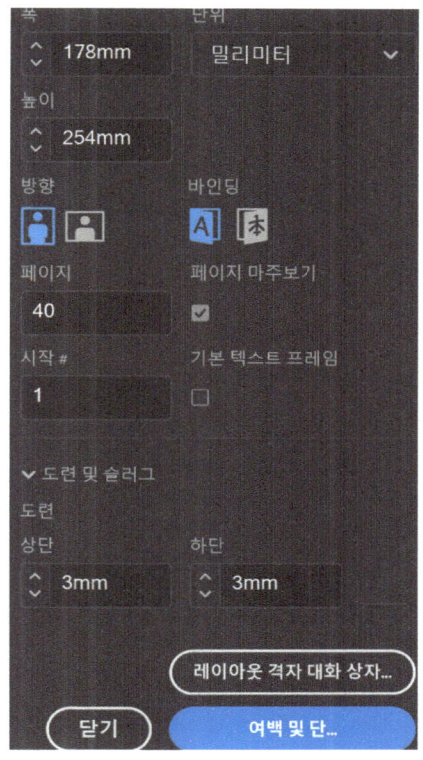

4 [여백 및 단] 클릭합니다.
5 그림에 따라 다른 위치에 글을 입력하므로 모두 0을 입력합니다. [확인] 클릭합니다.
(여백 : 워드 프로그램과 같이 위, 아래, 안쪽, 바깥쪽에 여유를 두는 부분을 의미합니다.)

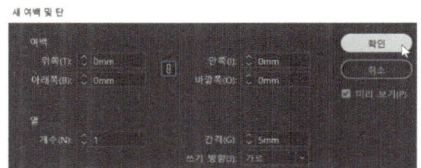

오른쪽 컨트롤 바에 [페이지]를 클릭하면 전체 페이지를 확인할 수 있습니다.

책 표지를 열면 오른쪽부터 페이지가 시작됩니다. 첫 장을 넘기면 2, 3 페이지, 4, 5페이지 순으로 진행되고 마지막은 왼쪽 면으로 끝납니다. 페이지 보기를 이 개념으로 이해하면 됩니다.

참고하세요.

상단의 컨트롤 패널이나 오른쪽 패널 영역 등이 보이지 않는다면 상단 메뉴에 [창]에서 환경을 조정할 수 있습니다. 또는 [작업 영역]에 저장된 것을 활용해 보세요.

표제지 편집하기

[1] 페이지에 제목을 입력해 보겠습니다.

인디자인은 포토샵, 일러스트와 달리 텍스트 박스를 만든 후 글을 입력합니다.

1 [페이지] 패널의 [1]이 선택되어있는지 확인합니다.

파란색으로 표시된 면이 편집중이라는 의미입니다. 매 작업시 반드시 확인하며 작업합니다.

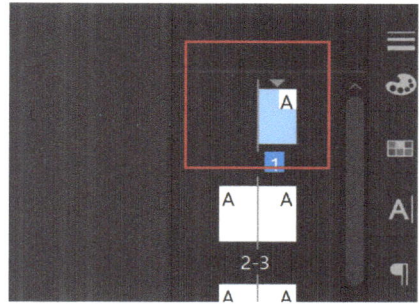

2 [문자 도구] 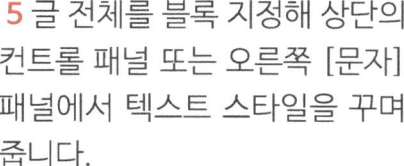를 선택합니다.

3 드래그해 문자가 들어갈 영역을 그려줍니다.

4 깜빡이는 커서가 보이나요? 제목을 입력합니다.

5 글 전체를 블록 지정해 상단의 컨트롤 패널 또는 오른쪽 [문자] 패널에서 텍스트 스타일을 꾸며줍니다.

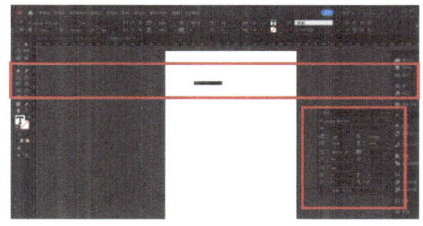

6 [선택 도구] 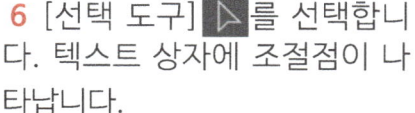를 선택합니다. 텍스트 상자에 조절점이 나타납니다.

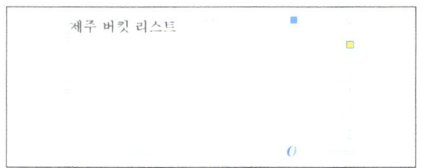

7 조절점을 끌어 텍스트 상자 크기를 조절합니다. 또는 조절점을 더블클릭하면 텍스트 크기에 맞게 변경됩니다.

8 텍스트 상자를 원하는 곳에 위치시켜 줍니다.

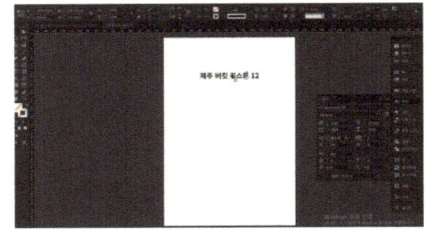

판권지, 작가 소개 편집하기

1 [2] 페이지를 더블클릭해 선택합니다.

2 [문자 도구] T 를 선택해 페이지 하단에 판권지 정보를 입력합니다.

책 제목, 발행일자, 지은이, 발행처, 출판사 등록일, 연락처, ISBN번호 등 책, 출판사에 대한 간략한 정보를 입력합니다. 소지하고 있는 다른 책들의 판권지를 참고해도 좋습니다.

3 [3] 페이지를 더블클릭해 선택합니다. 작가 사진 또는 대표 이미지를 넣어주겠습니다.

4 [사각형 프레임] ⊠ 을 선택합니다. 페이지 상단에 작가 대표 이미지가 삽입될 위치게 프레임을 그립니다.

3 Ctrl+d 이미지를 가져옵니다. 이미지 크기 및 위치를 조절합니다. (이미지 사이즈 조절 p. 43 참고)

4 [문자 도구]로 작가 소개 입력 후 꾸며줍니다.

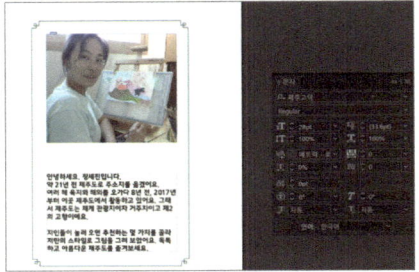

테두리 그려주기

1 [사각형 도구] ▣를 선택합니다.

2 그림과 글을 모두 감싸는 사각형을 그려줍니다.

3 상단 컨트롤 패널에서 상자 테두리의 획 굵기와 색을 지정합니다.

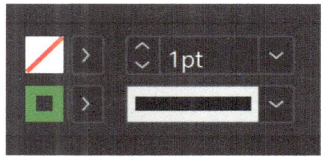

4 상자가 선택된 상태에서 [개체-모퉁이 옵션]을 선택합니다.

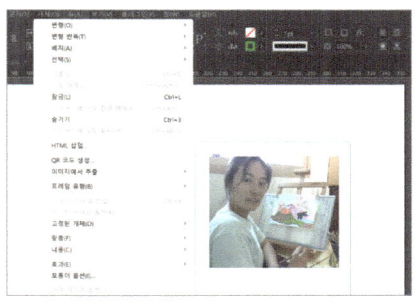

5 [미리보기]를 체크한 상태에서 원하는 테두리 모양과 크기를 조절해 줍니다.

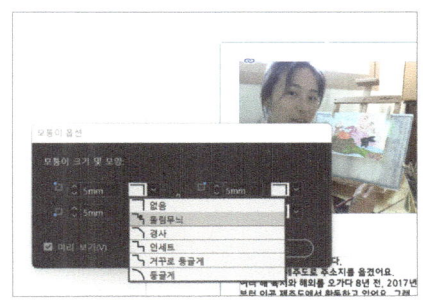

6 [확인] 클릭해 완료합니다.

본문 편집하기

1 [페이지] 패널에서 [4] 페이지를 더블클릭해 선택합니다. [4], [5] 페이지 양면이 화면에 보입니다.

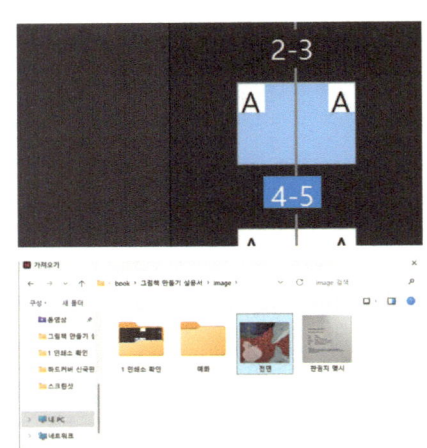

2 양면에 첫번째 이미지를 삽입합니다. [파일-가져오기] Ctrl+d를 실행합니다.

3 첫번째 이미지를 선택하고 [확인]을 클릭합니다.

4 도련선(빨강선) 시작점에 마우스 포인트를 두고 클릭합니다. (클릭한 부분을 시작점으로 이미지가 배치됩니다.)

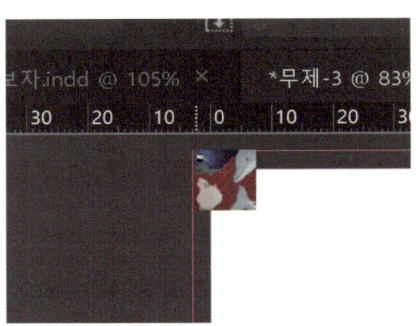

5 포토샵에서 펼침면 크기로 편집해주었기 때문에 양면 가득 딱 맞게 배치됩니다.

TIP 이미지 삽입 및 사이즈 조절

인디자인에서 텍스트나 이미지를 삽입할 때에는 프레임을 먼저 만들어 줍니다.

❶ [사각형 프레임] ⊠도구를 선택합니다.

❷ 드래그해 이미지가 들어갈 상자를 그려줍니다.

❸ [가져오기] Ctrl+d합니다. 가져온 이미지가 프레임 크기보다 크면 일부분만 보이고, 작으면 빈 공간이 보입니다.

❹ 아래 두 방법으로 사이즈 조절 합니다.

❹-❶ [속성패널]의 프레임 맞춤을 사용합니다.

▢ : 비율에 맞게 프레임 채우기합니다.
▢ : 비율에 맞게 내용을 맞춰줍니다.

❹-❷ 조절점으로 편집하기

파란색 선은 프레임 크기를 조절합니다. 이미지는 변하지 않고 프레임 크기만 변경됩니다. 이미지 사이즈를 조절하려면 이미지를 더블클릭합니다. 갈색선이 나타납니다. 갈색 조절점을 이용해 사이즈를 조절합니다.

프레임과 이미지를 동시에 변경하고자 할 때는 Shift+Ctrl를 누른 상태에서 파란 조절점을 조절해주면 됩니다.

12 이미지 위에 글을 삽입합니다. 제목을 입력했던 방법과 동일합니다.

[문자 도구] T 로 프레임을 그려줍니다. 내용을 입력합니다. 글자 스타일을 꾸며줍니다.

문자 프레임 오른쪽에 + 이 보이면 글이 프레임 밖으로 넘쳤다는 의미로 프레임 크기를 키워줍니다.

13 동일한 방법으로 나머지 페이지를 편집해 줍니다.

TIP 유용한 기능
• 레이어 잠궈주기
그림과 글이 겹쳐있는 경우, 선택되지 않아도 되는 것이 선택돼 작업 시 방해될 수 있습니다.

배경 이미지 같이 편집할 일이 없는 경우, [레이어] 패널에서 자물쇠를 켜서 수정할 수 없도록 고정합니다.

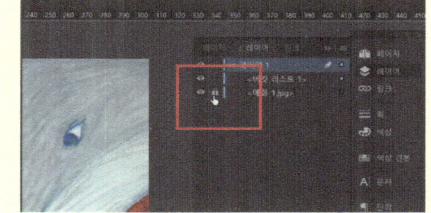

• 문자 스타일 지정하기
여러 페이지에 입력된 문자 스타일이 동일한 경우 스타일을 저장해 사용하면 편리합니다.

❶ 글자 모양, 크기 등을 적용한 텍스트를 블록 지정합니다.

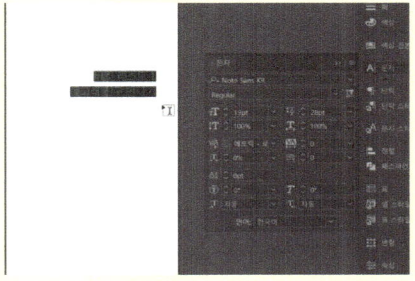

❷ 상단 메뉴에 [창-스타일-문자 스타일]을 선택해 [문자 스타일] 패널을 엽니다. ❸ [새 스타일 만들기] 클릭합니다.

❹ [문자 스타일 1]이 새로 만들어졌습니다.

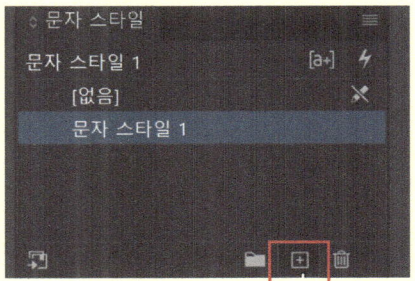

❺ 식별이 용이하도록 이름을 변경합니다. 더블 클릭하면 나타나는 대화상자에서도 이름 및 속성을 변경할 수 있습니다.

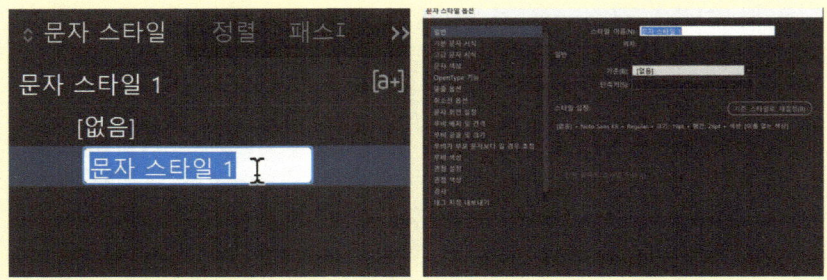

변경하고자 하는 텍스트를 블록지정하고 해당 문자 스타일을 클릭하면 스타일이 적용됩니다.

문서 오류 검사하기

작업 마무리 후 누락된 글꼴과 이미지, 손상된 파일 등 문서에 오류가 없는지 체크하는 작업이 필요합니다. [프리플라이트 패널]을 이용하여 확인해 보겠습니다.

1 [창-출력-프리플라이트] 또는 문서 아래 상태 표시줄에서 '프리플라이트' 영역을 더블클릭해 실행합니다.

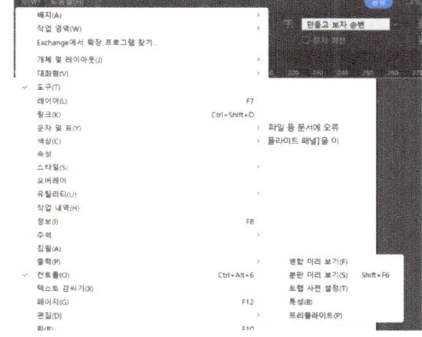

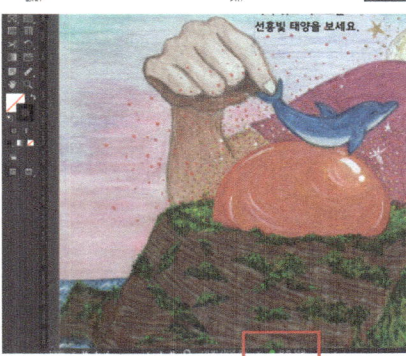

2 오류가 있으면 빨간색으로 표시가 됩니다. ❶[프리플라이트 패널]에 표시된 오류를 확인합니다. ❷ 페이지 번호를 클릭하여 해당 페이지로 이동해 수정합니다.

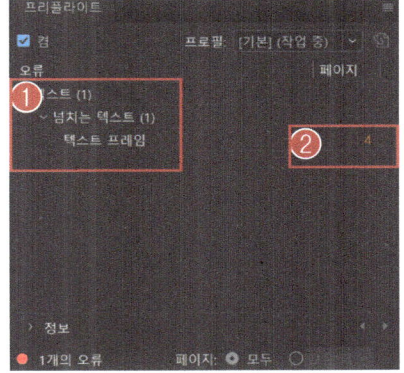

텍스트 윤곽선 만들기

그림책에 사용한 글꼴이 인쇄소에 없을 수 있습니다. 그래서 텍스트를 이미지화 해주어야 합니다. 이를 [윤곽선 만들기]라 합니다.

윤곽선 만들기 할 문자 프레임을 선택합니다. [문자-윤곽선 만들기] 또는 Ctrl+Shift+O를 눌러줍니다. 텍스트를 수정할 수 없는 [윤곽선 만들기] 되었습니다. 모든 텍스트를 [윤곽선 만들기] 해줍니다.

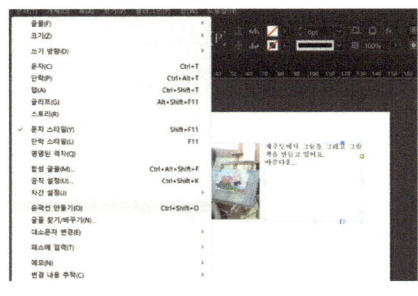

TIP 서체 일괄 아웃라인 처리하기(=윤곽선 만들기)

수 십 페이지의 서체를 일일이 윤곽선 만들기 해주는 것은 쉽지 않습니다. 마스터 페이지를 활용해 일괄 처리하는 방법입니다.

❶ [페이지] 패널의 [A-마스터]를 더블클릭해 선택합니다.

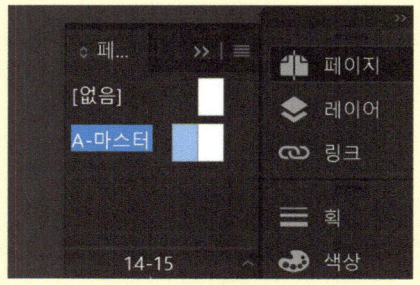

❷ [사각형 프레임] 도구로 상단에 작은 프레임을 만듭니다.

❸ 옵션바의 투명도에 0% 입력합니다.

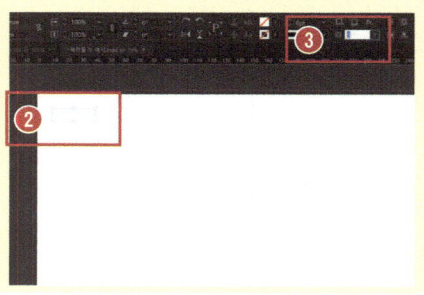

❹ 사각 프레임을 복사해 오른쪽 페이지에 붙여줍니다.

[A-마스터] 페이지 양면에 투명도 0의 사각 프레임을 만들어주었습니다. [마스터 페이지]에 설정된 사항은 모든 페이지에 동일하게 적용됩니다. (단, 마스터 페이지의 적용을 해제하려면 [없음]페이지를 끌어다 놓으면 됩니다.)

❺ 임의의 다른 페이지를 더블클릭해 마스터 페이지에서 빠져나옵니다.

❻ [편집-투명도 병합 사전 설정]을 선택합니다.

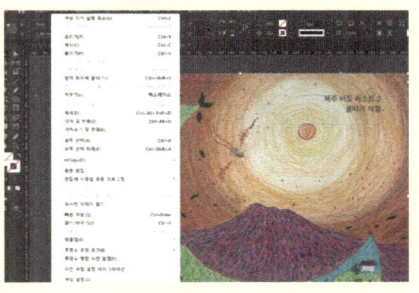

❼ [투명도 병합 사전 설정]에서 [고해상도]를 선택하고 [새로 만들기]클릭합니다.
이름을 입력하고 [라인 아트 및 텍스트 해상도]에 300 입력합니다.

[모든 텍스트를 윤곽선으로 변환]에 체크합니다.

[확인] 후 한 번 더 [확인]을 눌러 저장합니다.

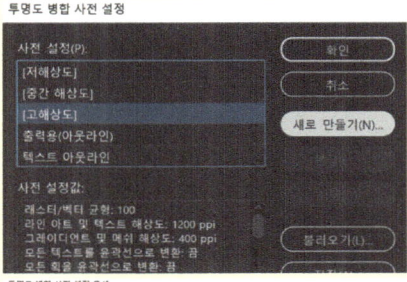

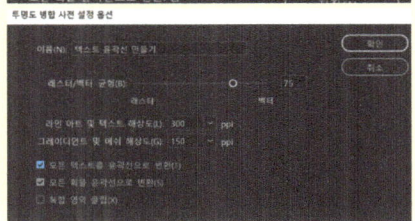

내지 PDF 내보내기

내보내기 하기 전에 인쇄소 안내 사항을 한 번 더 체크합니다.

1 [파일-내보내기] 클릭합니다.

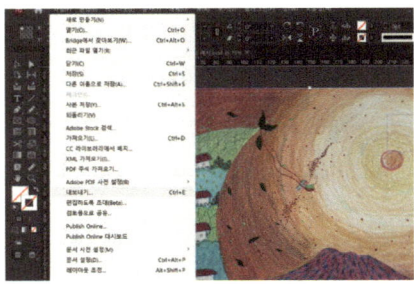

2 파일 이름을 입력합니다. 파일 형식은 Adobe PDF(인쇄용)를 선택합니다.
(Adove PDF(대화형)은 전자출판용입니다.)

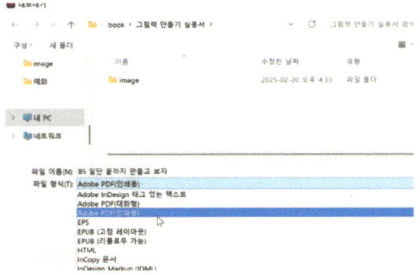

3 Adobe PDF 사전설정을 '[고품질 인쇄]'로, 호환성을 'Acrobat 4 (PDF 1.3)'을 선택합니다.
[일반]에서 페이지는 '모두'를, 내보내기 형식은 '페이지'를 선택합니다.

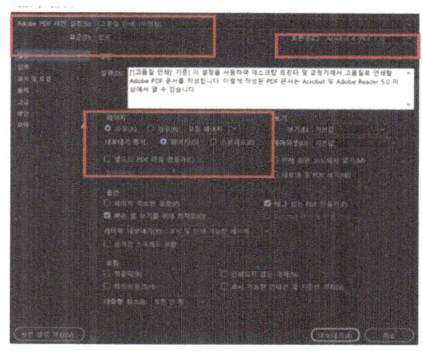

4 [도련 및 슬러그]에서 문서 도련 설정 사용에 체크합니다.

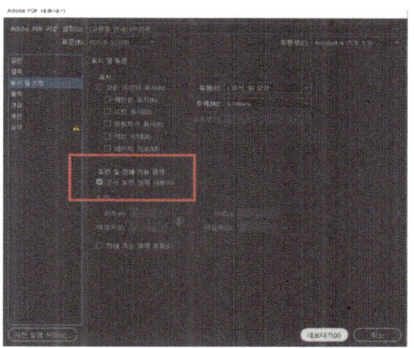

5 텍스트 아웃라인 처리시 [투명도 병합 사전 설정]을 적용했다면 [고급]에서 투명도 병합의 사전 설정을 '윤곽선 만들기'한 이름을 선택합니다. 모든 텍스트가 아웃라인 처리되어 PDF로 추출됩니다.

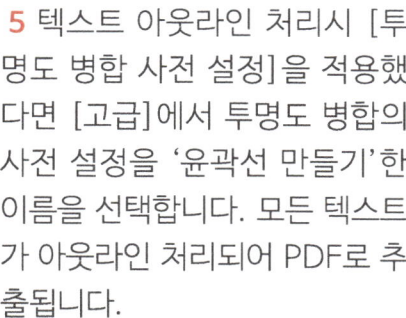

6 [내보내기] 클릭해 PDF로 저장합니다.

51

인디자인-표지 편집하기(반양장제본)

 하드커버 표지는 인쇄한 표지(하단 예시 이미지의 핑크색 종이)로 두꺼운 종이를 감싼 후 면지(하단 예시 이미지의 파란색 종이)를 붙여 제작합니다.

 표지 작업시 안쪽으로 감싸지는 부분의 사이즈를 고려해 작업해야 합니다. 표지가 두꺼워 책등(세네카) 사이즈 계산법도 일반 책자와 다르니 인쇄소의 안내사항을 반드시 확인하세요.

표지 사이즈 확인하기

북토리 : 자동으로 계산된 값을 확인하면 됩니다.
1 북토리(https://booktory.com) 홈페이지에 접속합니다.
2 홈페이지 상단 왼쪽 [제작 가이드-북토리 계산기-하드커버제본] 에서 값을 입력합니다.
- 판형 사이즈: 직접입력 선택, 178, 257 입력
- 책등 사이즈 : 사이즈 자동 계산 선택, 고급지, 랑데뷰/울트라화이트/130, 양면인쇄, 페이지 40 입력
- 본문 플러스 옵션 : 마매이드180g 앞뒤 1장

3 '책등 사이즈 계산하기' 클릭합니다. 자동 계산된 값을 참고합니다. 결과값으로 8.8mm가 나옵니다. 하단 안내에 따라 반올림해 책등 사이즈는 9mm로 작업합니다.

4 '전체 사이즈 계산하기' 클릭합니다. 표지, 내지의 자동 계산된 결과값을 확인합니다.

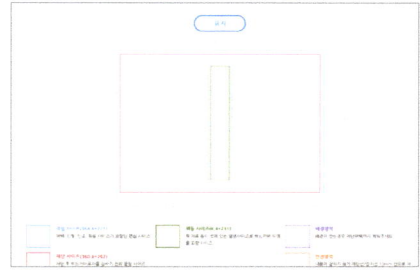

표지 이미지 편집하기

1 포토샵을 엽니다.

2 표지 한 면 사이즈는 가로 : (178-3)+2(도련)+10(인조)+18(하드커버 안으로 감싸지는 부분)=205, 세로 (254+6)+2(위 도련)+2(아래 도련)+18+18(위, 아래 하드커버 감싸지는 부분)=300입니다. 폭 205, 높이 300, 단위 밀리미터, 해상도 300, 색상모드 CMYK인 새 창을 만듭니다.

3 제목이 들어갈 부분을 고려해 표지를 만들어 JPG파일로 저장해 줍니다.

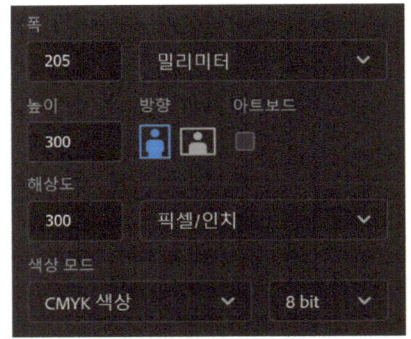

My Case

하드커버 제본은 책등 사이즈를 고려해 내지 종류와 페이지 수를 정해야 하고, 표지 작업 시 안으로 접히는 부분, 눌리는 부분 사이즈를 고려해야 하니 머리가 정말 아프더라고요. 그만큼 인쇄소에서 안내하는 사항도 많아요. 그래도 꼼꼼히 읽으며 천천히 계산식대로 작업하니 주문 후 수정 사항 없이 진행할 수 있었어요.

인디자인 표지 파일 만들기

1 [새 파일] 클릭합니다.
2 폭 203, 높이 296, 단위 밀리미터, 페이지 3(앞표지, 책등, 뒤표지), 페이지 마주보기 체크, 도련 각 2mm 입력합니다.
3 [여백 및 단] 클릭합니다.

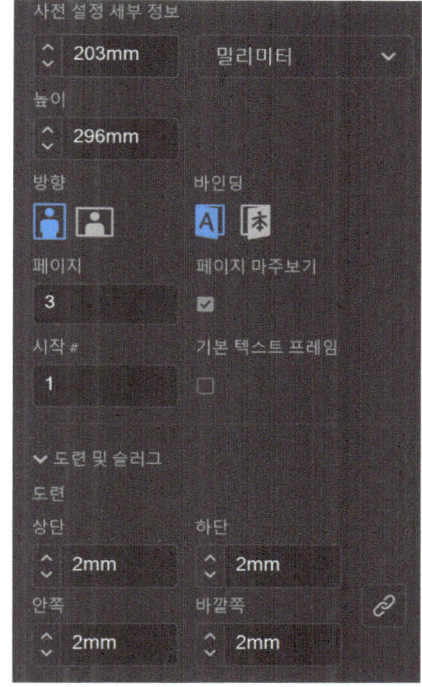

4 사슬 모양 아이콘을 클릭해 연결을 해제합니다.
위쪽 18, 아래쪽 18, 안쪽 10, 바깥쪽18 값을 각각 입력합니다.

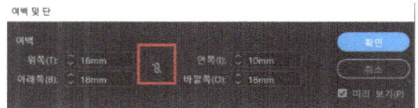

5 표지는 3면 펼침면으로 작업합니다.
[1] 페이지 위에서 마우스 오른쪽을 클릭합니다.
[문서 페이지 재편성 허용]의 체크를 해제합니다.

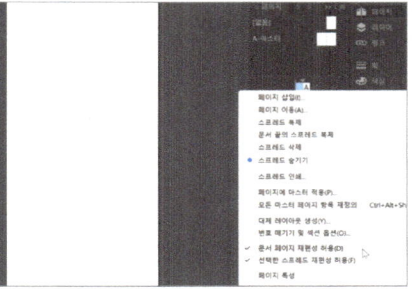

6 [2], [3]페이지를 각각 드래그해 [1]페이지의 왼쪽, 오른쪽에 가져가면 마우스 포인트 모양이 그림과 같이 바뀌었을 때 놓아주면 됩니다.

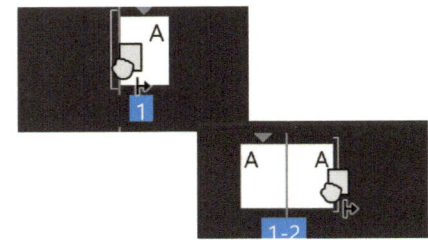

7 그림과 같이 3면이 나란히 배치 되었습니다.

8 가운데 책등 페이지의 크기 및 여백을 편집해 주겠습니다.
❶ [페이지]패널의 가운데 페이지를 더블클릭해 선택합니다.

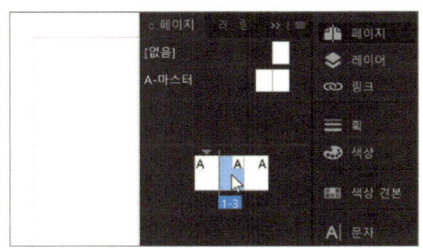

❷ [레이아웃-여백 및 단]을 선택합니다.

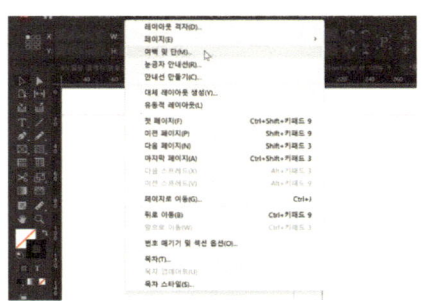

❸ 모두 0을 입력해주세요.
여백이 없어졌습니다.

❹ 책등 가로 길이를 9mm로 바꿔주기 위해 [페이지 도구] 를 선택합니다.
상단 W값을 9입력합니다. 책등의 너비가 수정 되었습니다.

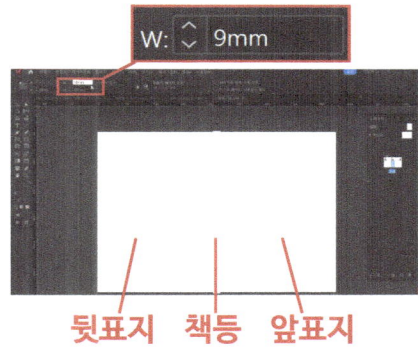

9 앞표지에 이미지, 제목을 입력합니다.
책등에 제목, 저자 이름을 입력합니다.
뒤표지에 자유롭게 문구도 넣주세요. (ISBN번호를 부여받은 것이있다면 제공받은 바코드 이미지를 삽입합니다.)

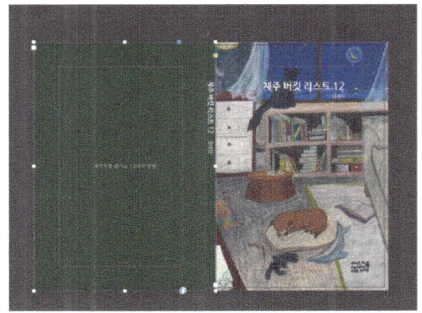

10 모든 텍스트를 아웃라인 처리합니다.

57

표지 가운데 정렬시 주의사항
다음은 북토리 안내 사항입니다.

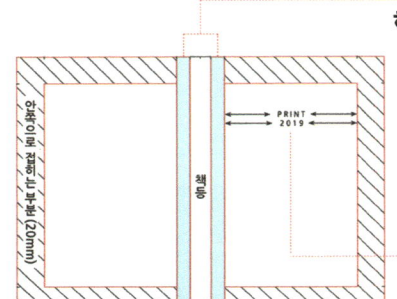

컨펌파일에서 파란색 부분은
하드커버의 인조/주름부분입니다.

표지 내용을 가운데 정렬할시
인조를 포함하지 않고 내용을
가운데 정렬 합니다.

인조를 포함한 범위에서 가운데 배열을 원하시면 1:1 상담에 자세한 글 남겨주세요

표지 PDF 내보내기

1 [파일-내보내기] 선택합니다.

2 파일 이름을 입력하고, 파일형식을 [Adobe PDF(인쇄용)]를 선택합니다. [저장] 클릭합니다.

3 Adobe PDF 사전설정을 '[고품질 인쇄]'로, 호환성을 'Acrobat 4 (PDF 1.3)'을 선택합니다.

[일반]에서 [페이지]는 '모두'를, [내보내기 형식]은 '스프레드'를 선택합니다.

4 [도련 및 슬러그]에서 문서 도련 설정 사용에 체크합니다.

5 [내보내기] 클릭합니다.

59

인쇄 주문하기

1 북토리(https://booktory.com) 홈페이지로 이동합니다.
2 홈페이지 상단 오른쪽 [Digital 소량견적] 페이지로 이동합니다.

3 다음과 같이 데이터를 입력 또는 선택합니다.
 • 제본방식 선택 : 하드커버(각)
 • 하드커버 출력 사이즈 : 세로형, 국제 크라운판(178*254)
 • 작업정보 : 자유롭게 원하는대로 선택, 입력하고, [컨펌 후 제작진행] 체크박스 체크합니다.
4 [계속진행] 클릭합니다.

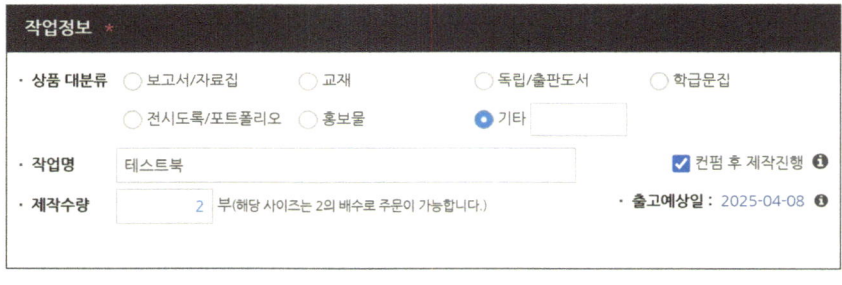

5 새 창에 나타난 안내문을 확인하고 [확인] 클릭 후 [계속진행] 클릭합니다. 새 창 안내문을 확인하고 [확인] 클릭합니다.

6 표지를 다음과 같이 선택합니다.

• 표지-기본 설정 : 컬러인쇄(4도), 단면 인쇄, 무광 또는 유광 선택, 좌철 선택합니다.

• 표지-용지 선택 : 기본 옵션 선택합니다.

• 표지-디자인 의뢰 : 표지파일 업로드 선택합니다.

• 플러스 옵션은 선택하지 않습니다.

• [계속진행] 클릭합니다.

• 안내문을 읽고 [확인] 클릭합니다.

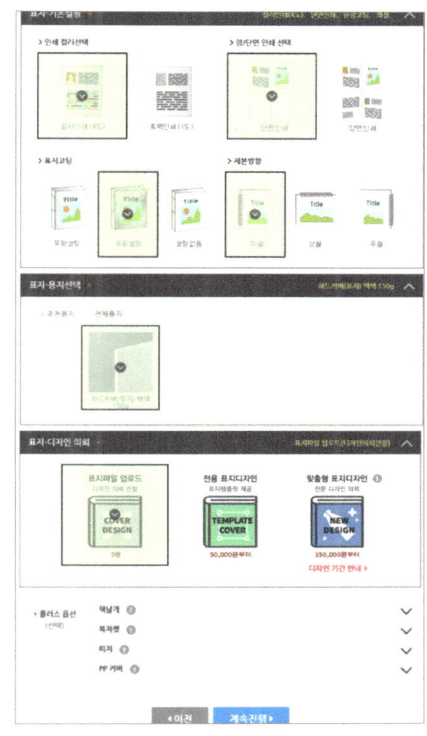

7 본문 파일분석(선택)에 함께 만든 내지 PDF파일을 엽니다. (경우에따라 이 부분은 생략 가능합니다.)

8 [PDF 파일분석 시작]클릭합니다.

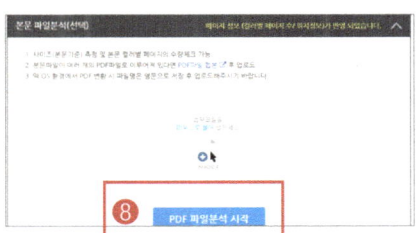

9 분석한 내용이 자동으로 입력 됩니다. 하단 [본문-기본설정] 내 일부 내용이 자동 설정됩니다. 내용에 이상이 없는지 확인합니다.
- 단일컬러:컬러4도
- 양면 인쇄
- 40 page입니다.

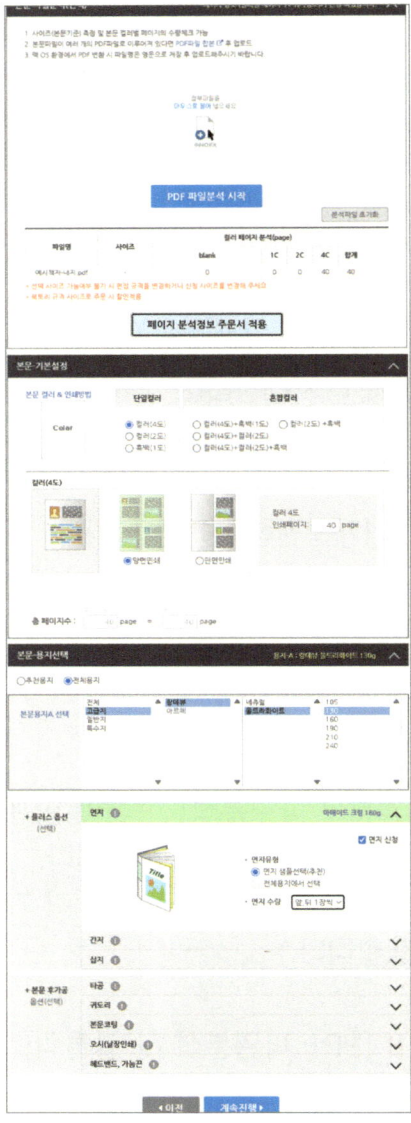

10 [본문-용지선택]에서 [전체용지] 내 [고급지-랑데뷰-울트라화이트-130] 선택합니다.

11 [플러스 옵션]의 [면지], [면지 신청] 체크합니다. 면지유형은 [면지샘플선택(추천)]을, 원하는 색상의 면지를 선택합니다. 면지 수량은 [앞,뒤 1장씩] 선택합니다.

12 [계속진행] 클릭합니다.

13 함께 만든 표지, 내지 파일을 모두 업로드합니다.

14 [계속진행] 클릭합니다. 내용을 빠짐없이 확인 후 결제 진행합니다. 수고하셨습니다.

인디자인 기능 조금 더 알아보기

[마스터 페이지] 사용법

여러 페이지에 동일한 요소를 넣어줄 때 사용합니다.

1 [A-마스터]를 더블 클릭합니다

2 [타원 도구]로 왼쪽엔 빨강 동그라미, 오른쪽엔 파랑 동그라미를 그립니다.

칠 색상
획 색상
텍스트에 서식 적용
컨테이너에 서식 적용

도형이나 프레임에 색 지정시 [컨테이너에 서식 적용] 버튼 선택, 텍스트 색 지정시 [텍스트 서식 적용] 버튼 선택해 칠 또는 획 색상을 편집합니다.

3 [마스터 페이지]의 내용이 모든 페이지에 동일하게 적용되었습니다.

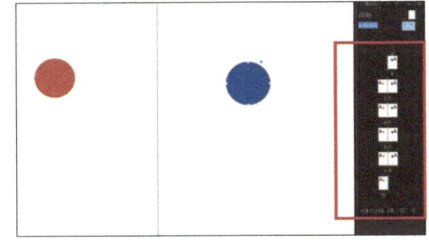

4 특정 페이지에 마스터 페이지 적용을 해제해 보겠습니다.

❶ [없음] 페이지를 드래그해 [3] 페이지 위에서 놓습니다.

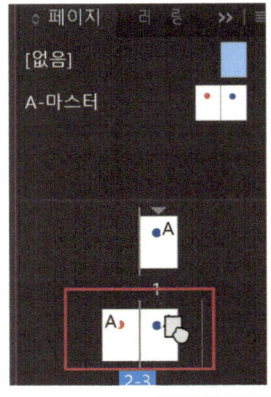

❷ [3] 페이지에 적용되었던 내용이 해제되었습니다.

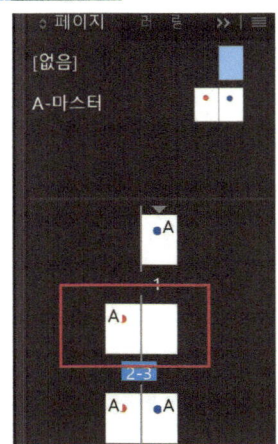

쪽 번호 넣기

1 [A-마스터]를 더블클릭해 선택합니다.

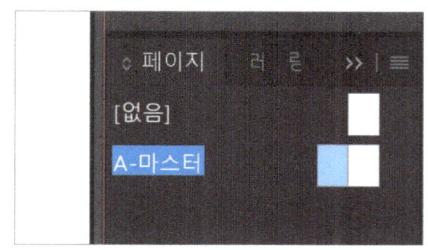

2 [문자 도구] 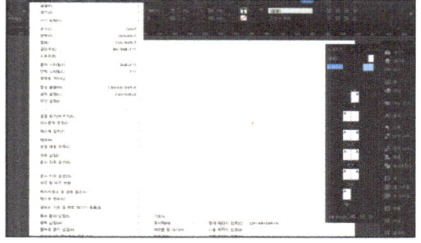를 선택합니다. 쪽번호를 넣고싶은 위치에 문자 프레임을 만들어 줍니다.

3 메뉴의 [문자-특수 문자 삽입-표시자-현재 페이지 번호]를 선택합니다.

4 쪽번호의 글꼴, 사이즈 등을 설정합니다.

5 문자 프레임을 글자와 동일하게 사이즈 조정합니다.

6 [선택 도구]로 쪽번호를 선택, 복사하여 오른쪽 페이지에 붙여넣어줍니다. 모든 페이지에 쪽번호가 적용되었습니다.

모양따라 흐르는 글자

1 [펜] 도구를 선택합니다.
2 클릭해 선의 시작점을 찍습니다. 두 번째 위치에서 클릭한 상태에서 손가락을 떼지 않고 움직여보세요. 원하는 모양의 곡선이 나오면 손가락을 뗍니다.
3 세번째 위치를 클릭해 곡선을 그려줍니다.
4 Enter를 눌러 곡선 그리기를 마칩니다.

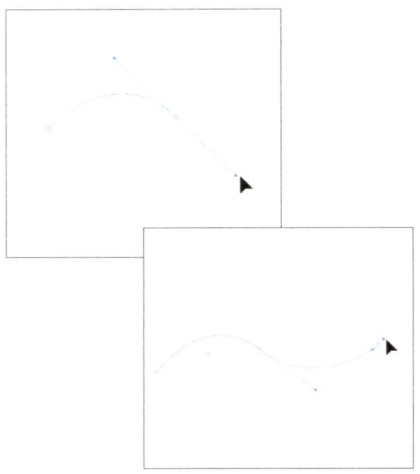

5 문자 도구 중 [패스에 입력 도구]를 선택합니다.

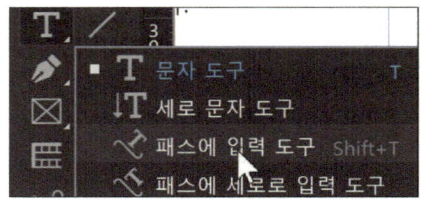

6 마우스 커서를 물결 라인 위로 가져가면 [+] 표시가 뜹니다. 클릭합니다. 깜빡이는 커서가 나타납니다. 글을 입력합니다.

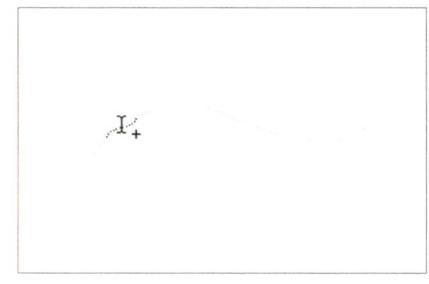

↳ 텍스트 좌우 위치 조절 　　↥ 텍스트 상하 반전 조절

더 알아보기

그림책 만들기, 조금 더 깊이 천천히 알아봅니다.

그림책에도 이론이 있을까?

 아주아주 먼 옛날, 종이가 만들어지고, 인쇄 기술은 발전을 거듭합니다. 글자만 가득했던 책자에 그림이 더해지고, 어린이를 위한 그림책들도 많이 출판됩니다. 이 그림책을 어른들도 좋아합니다. 그 가운데 책과 그림에 관심이 지대한, 선천적으로 분석에 뛰어나거나 연구하기 좋아하는 이들은 그림책들도 특정 주제별로 분류됨을 발견합니다. 대상이나 주제별로 참고하면 좋을 이론도 정리합니다. 그러니 지금도 여전히 생산되고 있는 전 세계의 수많은 그림책도 이론은 있습니다.
 글 쓰는 방법, 그림 그리는 방법이 있듯이 그림과 글이 들어가는 그림책에도 나름의 시행착오를 겪으며 정립해온 추천 방식이 있습니다.
 저는 처음 그림책을 만들 때 '일단 끝까지 만들고 보자'며 시작했습니다. 그땐 그림책 관련한 이론서가 있을거라 생각도 못했습니다. 그동안 보아온 책들, 소장하고 있는 그림책들이 제게 '이론서'였습니다. 몇 권의 그림책이 나오니 자연스레 제 이름 앞에 '그림책 작가'라는 작은 타이틀이 더해졌습니다. 강의 요청도 들어왔습니다. 내가 그 동안 그림책을 만들어온 방식이 맞을까? 아니, 맞다 안 맞다를 떠나 이 세상에 통용되고 있는 그림책 이론이라는 것이 있을까 궁금했습니다. 제가 보아 온 수천 권의 그림책들을 보며 느꼈던 것들, 다른 작가들은 어떻게 이론화해 가르칠까? 궁금했고 그제야 '그림책 만들기'에 관한 방법론적 책들을 봤습니다. 그림책을 만들며 시행착오를 통해 깨우치고 알게 된 것들이 많은 이론서에 적혀있었습니다. '왜 이제야 봤을까?'가 아니었습니다. '다른 이들도 똑같구나!' 생각했습니다. 제가 터득한 것들이 무용하지 않음이 기뻤습니다. 책을 만들기도 전에 이론서들을 봤다면 제 성격상 각 과정의 세세한 것들, 무엇보다 '완성도'를 고민하며 세상 밖으로 내놓기를 망설였을 겁니다.
 제가 하고싶은 말은 여러분도 '일단 끝까지 만들고'나서 이 챕터를 보길 추천합니다.
 그림책에 관한 이론서들을 보며 얻은 결론은 '답'이 없다는 겁니다. 많은 작가들이 그렇게 말하고 있습니다. 즉, 그림책도 충분히 작가의 개성을 마음껏 담을 수 있는 공간이라는 겁니다.
 단, 추천하는 방식이 있습니다. 어린이 대상의 그림책이 선정적이거나 세상을 마냥 어둡게 표현한다면 실구매자인 부모들의 외면을 받을 겁니다. 글자 크기를 너무 작게 한 구석에 위치시키면 가독성이 떨어집니다.그러니 이론을 참고하며 여러분이 만들고 싶은 그림책을 과감히 만들어 보세요,
 나무보다는 숲을 목표로 엉성하더라도 일단 숲을 만드세요. 그 후 숲으로 다시 들어가 나무 하나하나를 예쁘게 가꿔보세요. 자연스레 숲은 아름다워질 겁니다.
 이번 챕터는 제가 그림책을 만들며 궁금했던 것들, 도움되었던 것들, 그리고 제가 그림책을 만들며 접목했던 방식들 중심으로 구성했습니다.
 일단 끝까지 만들며 생긴 여러분의 궁금증에 도움이 되길 바랍니다.

그림책에도 종류가 있을까?

 요즘은 장르를 명확히 구분짓는다는 것이 무용한 것 같습니다. '장르를 넘나드는, 장르를 넘어서는'을 목표로 개성을 마음껏 발휘하고 있고 또 수용되고 있는 시대니까요. 틀을 알되 틀에 갇히지는 마세요.
 제가 그림책 작업을 하며 자연스레 가졌던 궁금증을 정리해 보았습니다. 틀을 만드는 듯했지만 오히려 시야가 더 넓어졌습니다.

그림과 그림책 속 그림

 Q 미술관같이 벽에 전시된 그림들과 그림책 속 그림은 무슨 차이가 있을까?

순수 미술의 그림	그림책 속 그림
• 하나의 틀(캔버스, 종이 등)에 작가가 표현하고자하는 메시지를 다양한 표현 방식(색, 질감, 크기 등)으로 나타낸다. • 작업실에서 그려져 갤러리 등에 전시, 판매된다.	• 각각의 그림들은 한 장의 명화와도 같다. 낱장이 아닌 처음부터 끝까지 유기적으로 연결된다. • 작업실에서 만들어져 출판사의 피드백으로 수정, 보완되고 인쇄소(공장)에서 책(상품)으로 만들어진다.

그림이 들어간 책들

Q 그림이 들어간 책들이 많이 있는데 어떤 차이가 있을까?

종류	특징	대상
동화책	글 중심	어린이
그림책	그림 중심 또는 글 그림 상호보완	모든 연령
만화	여러 컷의 그림들의 연속 배열 말풍선, 상자(대사, 나레이션) 에피소드 중심, 연재 방식	모든 연령
그래픽노블	만화 형식 사용 만화보다 깊이 있는 주제 다룸 (철학, 심리, 사회 등) 단행본	청소년, 성인

사실이냐 상상이냐

창작된 것인지 사실을 나열한 것인지에 따라 나뉩니다.

픽션	논픽션
이야기를 만든 창작	사실 관계(정보, 개념)
동화, 우화 등	과학, 식물, 동물 등 사진 또는 그림책

글과 그림의 관계

글과 그림이 서로 어떻게 상호작용하느냐에 따라 다음과 같이 구분합니다.

대응 관계	글과 그림이 같은 이야기를 함	
보완 관계	서로의 부족함을 상호 보완함	뚜렷이 구분하기 어려움
확장 또는 강화	서로 힘을 합쳐 이야기를 확장시킴	
대위법	상호 의존해 두 개의 서사로 진행함	글과 그림이 서로 다른 이야기를 함

내 안에서 나만의 소재를 찾으려면?

독창적인 소재는 그림책 작업에서 황금알과 같습니다.

그림을 그리고 그림책을 만들며 덜컥 겁이나곤 했습니다. 누군가 이미 그래낸 것은 아닐까? 저작권에 걸리면 어떻하지? 그래서 지인들에게 조언을 구하고, 저작권 관련 기관에 문의도 해봤습니다.

여러분, 이 세상에 가장 독창적인 존재는 뭘까요?

바로 '나', '당신'입니다. 똑같은 부모 밑에서 똑같은 얼굴, 똑같은 성격, 똑같은 성장 배경을 가진 사람이 있을까요?

'나'라는 존재가 가장 독창적입니다.

상상만 하며 이야기를 만들다 보면 이미 수 없이 보아온 다른 작가들의 이야기 방식, 소재를 끼워 맞추게 됩니다. 그러니 이야기의 시작을 나 자신에서 출발해 보세요. 나를 중심으로 다른 동물, 사물에 비유하고 내 경험에서 나온 메시지를 내 목소리와 말투로 표현해 보는 겁니다.

다양한 책을 보고, 경험을 해야하는 이유는 새로운 것을 찾기 위한 것이 아닌 이 세상에 얼마나 비슷한 것들이 많이 존재하는지 깨닫기 위한 것이라는 말이 있습니다. 그러니 더욱 당신 이야기를 해주세요. 더욱 당신답게요.

여기에 제가 그림책 작업을 하며 저 자신에게 했던 질문들을 정리해 보았습니다. 각각의 질문에 브레인스토밍하며 적어보세요.

대상 중심 질문

- 그림책을 만든다면 누구에게 보여주고 싶나요?
  예)제주도를 찾은 어린이, 동심을 간직한 어른이 등.
- 그들이 관심있어 하는 것, 필요한 것, 좋아하는 것 등은 뭘까요?
상상해 보세요.
  예)해녀, 제주도의 자연,특이한 지형, 밝음, 사랑스러움 등.

- 위에 답한 것과 연관된 소재는 뭐가 있을까요?
    예)물고기, 오름, 밤하늘, 별 등.
- 위에서 답한 인물 또는 사물이 일으킬 수 있는 행동 또는 사건을 나열해 보세요.
    예)해녀와 물고기가 바다 속에서 논다, 오름에서 별을 낚는다,
    하늘에 별을 걸어준다, 밤하늘 여행한다 등.

지나온 삶 둘러보기
- 내가 살았던 또는 방문했던 지역을 모두 떠올려 보세요.
    예)서울, 제주도, 외국, 해안가, 사막, 시골, 고시원, 아파트 등.
- 내가 해본 일을 모두 떠올려 보세요. 직업, 사소한 일, 독특했던 경험 모두 좋아요.
    예)호텔에서 피아노 연주, 국제 회의 사회자, 프로포즈 도우미, 카페 매니저, 그림 작가 등.
- 특별히 기억에 남거나 긴 시간 함께 했던 사람들이 있나요?
    예)가족, 소꿉친구, 첫 외국 여행 때 동행인 등.
- 왜 그곳, 그일, 그들이 떠올랐나요? 각각의 답변에 연관된 사건, 이유 등을 적어보세요.
    예)피아노 연주가 서투르지만 악보 보고 연주할 줄 안다는 이유로 급한 요청을 받았다. 매일 밤마다 연습하고 다음날이면 손가락
    벌벌 떨며 연주했었다. 잊을 수 없는 한 달이었다.
- 찾은 소재들을 전체적으로 훑어보세요. 어떠세요? 느껴지는 무언가가 있나요?
    예)다사다난했구나, 세상은 정말 다양하구나 등.
- 그 사건으로 내가 깨우친 바, 결심한 것, 바뀐 행동 또는 생각 등이 있다면 무엇인가요?
    예)세상에 답은 없다. 저마다 방식이 다를 뿐이다.

타인으로부터, 나로부터
• 사람들이 내게 자주 물어보는 것 또는 내가 사람들에게 자주 추천하는 것은 무엇인가요?
　예)동네 맛집, 혼자 걷기 좋은 곳, 경치 좋은 곳 등.
• 내 관심 키워드는 무엇인가요? (혼자 즐기는 것, 자주 보아도 질리지 않는 것, 매일 빼놓지 않고 하고 있는 것 등.)
　예)커피, 그림책, 독립출판 책 등.

하나의 메시지
• 긴 시간, 끊임없이 맴도는(던) 또는 삶의 매 순간에 영향을 미치는(던) 어떤 경험, 사건이 있나요?
　예)사람들로부터의 상처, 뜻밖의 선물 등.
• 일상에서 주기적으로, 반복적으로, 매번 버릇처럼 했던 행동, 생각 또는 감정이 있나요?
　예)오늘도 나의 일을 하자, 아침마다 못 일어남 등.
• 그 사건에서 결국 내가 하고 싶었던 단 한 마디 또는 행동은 무엇인가요?
　예)쓰레기(상처)는 간직하는 게 아니라 버려야 해, 결심은 그만
　　하고 행동하자 등.

꿈(잠 잘 때 꿈, 이루고픈 꿈)
이루고 싶은 꿈
- 어릴적 당신의 꿈은 무엇이었나요?
- 어릴적 꿈을 어떻게 했나요?
  〉이루었다면 :
    〉〉꿈꾸던 직함으로 불리고 있다면 어떤가요?
    〉〉비록 작지만 꿈을 이루었고 현재 진행중이라면 무엇을 어떻게 하고 있나요?
  〉미루었다면
    〉〉꿈을 포기하지 않았다면 이루기 위해 무엇을 하고 있나요?
    〉〉꿈과 무관한 일을 하고 있다면 그 일을 왜 하고 있나요?
    〉〉꿈을 이루는 때는 언제로 예상하고 있나요?
  〉마음에 품기로 했다면
    〉〉꿈을 내려놓았다면 후회, 미련은 없나요?
- 공통 질문
  〉어릴적 꿈꾸던 내게 해주고 싶은 말은?
  〉지금 내게 하고 싶은 말은?

꿈을 '하고 싶은 것, 이루고 싶은 것'으로 정의한다면 당신 꿈의 변천사는 어떤가요?
- 현재 당신의 꿈을 무엇인가요?
- 꿈을 이루기 위한 가장 근접한 활동은 무엇일까요?
- 꿈 길을 걷고 있다면, 꿈을 이루기 위한 활동을 하고 있다면 무엇을 얼마나 하고 있나요?

잠 잘 때 꿈 또는 번쩍이는 아이디어
• 강한 인상으로 남았던 꿈 또는 갑자기 번쩍 떠오른 아이디어가 있다면 긴 시간이 지나도 잊혀지지 않는 것이 있나요? (경험이 아닌 무형의 것)
• 그것이 내게 강한 인상으로 남는 이유는 무엇일까요?
• 그 꿈 또는 아이디어가 내게 주는 메시지는 무엇인가요?

특정 시간 속에서 찾아보기
• 지난 1년간 반복적으로 했던 실천, 노력은 무엇인가요?
  예) 걷기, 잘 먹기, 물 마시기 등 건강을 챙기려 노력했다.
  몇 년을 미뤄온 영어 공부를 위해 학원에 등록해 수강 중이다.
• 10대, 20대…, 60대 등 그 시절 나의 관심사 또는 특별했던 사건은 무엇인가요?
  예) 10대 시절 학교가 너무 싫었다. 꽉 짜인 스케줄이.
  어른이 되어보니 그렇게 누가 짜줄 때가 편했던 것 같다.
• 어릴 적 당신의 '상상놀이'는 어땠나요?
  ﹥나뭇잎 접시, 우산으로 지은 집, 옷장은 나만의 세계로 들어가는 문, 이불 속 동굴 탐험 등 당신만의 또는 친구와 함께 했던 상상놀이는 무엇이었나요? 또 어떤 모습이었나요?
  예) 책상, 의자, 우산, 이불 등을 활용해 내 방 안에 또 하나의 집을 지었다.
  ﹥상상놀이에서 당신이 주로 맡은 역할은 무엇이었나요?
  예) 방 안 가구와 물건을 활용해 무너지지 않는 집을 지으려 고민을 많이 했다. 그 세계를 만든 창조자로 대장 역할을 주로 했다.
  ﹥그 상상놀이가 지금의 당신에게 어떤 영향을 미친 것 같나요?
  예) 작은 재미를 기획하고 실천하는 게 그때부터 연습된 것 같다.

다른 작가로부터 영감받기

나 자신으로부터 찾아보려 해도 막연할 때가 있죠? 그럴 땐 다른 작가들의 작업을 참고해 보세요. 특별히 선호하는 작가, 캐릭터, 책 등이 있나요? 좋아하는 이유를 찾고 활용 방안을 고민해 보세요.

- 왜 좋을까?
  〉그림이라면? 스타일, 색감 등.
  〉글이라면? 어감, 어투, 운율, 문장 길이 등.
  〉캐릭터라면? 성격, 스타일(외모, 어감, 제스쳐 등) 등.
  〉작가라면? 세계관, 가치관, 화법, 문체 등.
- 이를 활용할 만한 나만의 소재는 무엇일까요?

내 안에서 발견한 소재로 이야기 만들기 실전 팁

 브레인스토밍을 통해 발견한 소재들을 엮어 이야기를 만들때 다음 순서를 참고하세요.

1 브레인스토밍을 통해 글 재료 모으기
 선정한 소재를 주제로 더 깊이 브레인스토밍 합니다. 인물, 대사, 배경, 사건 등 떠오르는 모든 것을 써보세요. 작성한 내용을 다시 보며 연계성 있는 것끼리 묶고, 묶인 그룹 중 그림책으로 만들고 싶은 것을 고릅니다.

2 메시지 정하기
 선정한 그룹을 보며 떠오른 메시지 또는 전하고 싶은 메시지, 독자에게 던지고 싶은 질문, 이에 대한 답 등 한 개 이상 정합니다.

3 픽션, 논픽션 정하기
 픽션과 논픽션 중 선정한 소재로 메시지를 전달하기에 적합한 유형을 선정합니다.

4 메시지를 중심으로 줄거리 만들기
 메시지가 잘 드러나도록 선정한 그룹에 순서를 정하고 이야기를 더해 줄거리를 만듭니다.

5 살 붙이기
 줄거리에 캐릭터, 배경, 내레이션, 대사 등을 상상하며 이야기를 더해주세요. 너무 상세하지 않아도 됩니다.

6 서사 구조에 대입해 보기

3막 구조(발단, 전개, 결말), 5막 구조(발단, 전개, 위기, 절정, 결말) 또는 기-승-전-결에 대입해 사건의 흐름과 서사를 효과적으로 전달할 수 있도록 수정, 보완합니다.

> **My Case**
> 요즘은 다양한 영역에서 AI를 활용해 편리를 더하고 있어요. 작성한 글을 서사 구조에 대입해 체크할 때 ChatGPT, Jemini 등을 활용해 보세요. 글을 복사해 채팅창에 붙여 넣고 원하는 구조로 체크해달라고 요청하면 됩니다. AI가 요청한 서사 구조에 맞춰 이야기를 분석해 첨삭까지 해줘요. 한 번쯤 활용해 보시길 권합니다. 좋은 도구를 현명하게 사용해 능률을 높여 보세요.

7 장면 나누기

장면 변화에 따라 이야기를 나눠줍니다. 또는 만들고자 하는 그림책의 본문 페이지 수가 정해져 있다면 그에 맞춰 이야기를 나눠줍니다.

8 글과 그림으로 나누기

장면별로 나눈 이야기의 각 부분을 글과 그림으로 나누어 작성합니다. 그림에 대한 묘사를 괄호 안에 작성해 글과 그림을 구분해 주는 것도 좋아요.
예) "안녕?" (토끼와 거북이가 들판에서 마주 보며 인사하는 모습)

9 이야기를 진행하는 주인공 스타일로 글 보완하기(시점 선정하기)

이야기 진행을 주도하는 주인공의 특징을 파악해 글의 분위기를 보완해 줍니다.

- 전지적 작가 시점 : 작가가 모든 것을 보고, 아는 상태로 기술하기
  예) 한 아이가 까만 씨앗을 받았어요. 궁금했어요. 조바심이났죠.
- 작가 또는 또 다른 캐릭터가 말을 거는 방식으로 진행하기
  예) 까만 씨앗을 받았구나? 많이 궁금한가 보구나?
  이야기 속 아빠 : 네가 말한 그 까만 씨앗이구나?
- 독자 시점 : 그림을 보는 독자의 눈으로 그림을 읽고, 질문하고, 답하고, 설명하기
  예) 두 손에 까만 씨앗이 있네? 하나, 둘...5개네?
- 이야기 속 주인공이 직접 말하기(1인칭 시점)
  예) 저 씨앗 5알을 받았어요. 까만색이에요.
- 캐릭터 간의 대화로 진행하기
  예) 씨앗 : 안녕? 우린 까망씨야. 우릴 좀 흙에 심어줄래?
  아이 : 그래. 잠깐만 기다려.
- 편지글 : 사건을 누군가에게 전하듯이 기술하기
  예) 엄마에게, 엄마 까만 씨앗을 받았어요. 신나요. 너무 좋아요.

10 검토하기
이야기의 흐름이 자연스러운지, 주제나 메시지 전달에 있어 벗어나거나 불필요한 부분은 없는지 검토합니다.

11 장면 상세 재배치
책을 펼치면 왼쪽 한 면, 오른쪽 한 면으로 나뉩니다. 그림을 한 쪽씩 넣을지 양면 가득 한 장면으로 채울지 구상하며 상세하게 재배치합니다. 초기에 계획한 페이지 수에 맞춰 진행할지, 조금 더 늘리거나 줄여야 할지 예산과 인쇄소의 제작 사양에 따라 가능한 페이지 수를 고려해 정하면 됩니다.

12 장면별 글 다듬기

아래 체크사항을 참고해 글을 다듬어 줍니다.
- 그림과 글이 동일한 이야기를 반복하고 있는지 확인하고 둘 중 하나를 제할지 그대로 둘지 파악합니다.
- 그림에서 모호한 부분을 글이 잘 보완하는지 파악합니다.
- 시점 통일(1인칭, 3인칭)
- 시제 통일 또는 시간 표현
  〉과거형, 현재형, 미래형
  〉옛날 옛날에, 갑자기, 순식간에, 그로부터 일주일 후와 같이 그림으로 표현할 수 없는 시간의 변화를 글이 잘 보완하는지 확인
  〉의성어, 의태어 삽입 여부(그림에 효과로 또는 문장 가운데 표현)
  〉어미, 반말, 존댓말, 캐릭터 또는 화자와 어울리는 어투 등 통일 (요, 이다, 입니다 등)
  〉미사여구, 말버릇, 반복되는 특정 단어, 불필요한 부사(아주 매우 많이 등) 삭제

글은 어떻게 쓰지?

단편적 장면들로 이야기 구성하기

 이야기 속 인물들이 일으킬 수 있는 사건들을 연결성 없이 단편적으로 브레인스토밍해 보세요. 상상의 나래를 마음껏 펼쳐보세요. 이상하고 말이 안돼도 괜찮습니다. 더 이상 떠오르지 않을 때까지 수십 개, 수백 개 나열하세요. 그리고 단편 사건들 전체를 다시 보세요. 그 안에서 사건들을 연결지어 보세요. 자연스레 맥을 이루고 있는 사건들을 발견하게 될 겁니다.

- 소재들이 일으킬 수 있는 사건들을 단편적으로 상상해 본다.
- 여러 단편 사건들 중 계연성있는 것들을 묶어본다.
- 선택된 사건들에 순서를 정하고 자연스럽게 이어지도록 수정, 보완한다.
- 이야기의 구성, 교훈, 차별성 등을 검토해 본다.
  〉목표한 독자에게 적당한 그림, 이야기인가?
  〉메시지나 교훈이 명확히 드러나는가?
  〉독특함, 차별성이 있는가?

비유를 통한 이야기 만들기

- 사물을 생명체라 생각하고 대해 본다.
  예〉둥근 테이블, 각진 책상의 성격은 어떨까?
  물과 기름의 섞일 수 없음을 성격 차이로 비유하기.
  꿈의 성취를 더디게 마찰력을 일으키는 방해물 등.
- 내 일상의 사소한 경험도 나만의 시각에서 다시 생각해 본다.
  예〉구멍 많은 현무암(물, 바람 등을 잘 통과시킴, 줄줄 샘) 등.
  해와 달(낮과 밤의 상징, 그래도 가끔 마주보기도 함)
- 내가 찾은 소재를 다른 사물이나 동물로 각색해 본다.

예)하나에 머물지 않고 많은 곳을 이동한다. -〉구름
많이 경험하니 쏟아낼 것도 많다. -〉비
구름이 이동하고 수분이 증가하며 구름이 커진다. -〉경험
차가운 기류를 만나 비로 쏟아진다. -〉저마다의 때
척박한 곳에서 생명수인 비로 많은 이들이 살아난다. -〉사명
그러니 많이 경험하고 배우자. 언젠가 때가 되면 누군가에게 생명수와 같은 존재가 될 것이다.

내 목소리를 담아 글쓰기
'부드럽게, 천천히, 또박또박, 논리정연하게, 담백하게' 등 당신은 말 잘하는 방법대로 말하고 있나요? 온전히 당신의 목소리로 누군가를 설득해 본 경험, 조금은 어눌하지만 진심이 담긴 떨림으로 다른 이의 생각과 행동에 변화를 일으켰던 적이 없었을까요?
 당신의 목소리와 톤으로도 충분히 이야기를 이끌어 나갈 수 있습니다. 그림책도 '설득'을 위한 수단이라고 생각합니다. 당신의 목소리에 진심을 담아 전해 보세요.
 • 타겟을 명확히 한다.
 그림책을 만들고 이 책을 통해 전하고 싶은 메시지가 있을 겁니다. 그 예상 독자가 누구인가요? 그들에게 직접 얘기한다고 상상해 보세요. 눈 앞에 있어요. 어떻게, 어떤 방식으로 말하고 싶나요? 상상이 명료할수록 글은 더 명확해질 겁니다.
 • 내 스타일 녹이기 : 반말, 존댓말, 말투, 제스쳐 등.
 작성한 글을 속으로 반복해서 읽어보았나요? 소리내어 읽어보세요. 그림을 보면서 읽어보세요. 어색하지는 않나요?
 • 동일 단어의 반복, 나쁜 말버릇, 부사의 과다 사용 등을 피하세요.
 • 평균치의 법칙이라는 것이 있어요. 보통 사람의 언행 평균치와 나만의 독창적 표현을 적절히 배합하세요.

그림책 속 메시지

그림책을 통해 하고 싶은 말이 있나요? 건네고 싶은 질문이 있나요? 그 질문에 대한 답을 당신은 가지고 있나요? 독자가 당신의 질문이나 메시지를 알 수 있도록 그림과 글이 맥을 이루어야 합니다.

- 그림책을 통해 전하고싶은 메시지, 질문, 답은 무엇인가요? 단 한 개라고 명확하게 정의 내리고 작업합니다.
- 이와 무관한 글들은 수정 또는 삭제합니다.

작업 과정 중 제3자의 시선으로 내 작품을 보세요. 매일 작업이 계속되고 있다면 어느 정도 마무리된 시점에 하루, 이틀 때론 일주일 작품과 거리를 둔 후 다시 보세요. 작품을 새로운 시점에서 보게 될 거예요. 앞서 정해 놓은 메시지, 질문, 답이 명확히 느껴지는지 스스로 답하며 수정해 보세요.

- 메시지 중심으로 구성, 편집한다.

예를 들어 아픔을 극복한 이야기들이 있습니다. 이 이야기들을 통해 이 세상에 존재하는 아픔의 종류를 알려주겠다는 것인지, 치료하는 방법을 알려주겠다는 것인지, 또는 극복한 과정 중 깨달은 삶의 가치를 전하려는 것인지에 따라 이야기의 순서, 문체 등 표현 방식이 충분히 달라질 수 있습니다.

판타지의 타당성

아무리 상상으로 만들어낸 이야기라 할지라도 현실 또는 개인의 경험을 바탕으로 해야 타당성이 인정될 수 있습니다. 남들이 절대 이해할 수 없는 나 혼자만의 이야기 또는 과한 상상은 다른 이들의 공감을 얻기 쉽지 않죠. 물론 개인 소장용이라면 괜찮습니다.

논픽션도 리듬감 있게
논픽션 그림책도 작가의 개성을 담아 정보를 전달해 보세요.
- 1개씩 나열하기

각각의 정보를 일렬로 나열하는 구성이더라고 독특한 그림, 아이코노텍스트 활용, 뒷장으로 갈수록 점점 흥미진진해지는 내용으로 순서에 강약 주기 등을 통해 내용 전달에 재미를 더할 수 있습니다.
- 주거니 받거니(2개씩)

비교, 대조를 활용해 구성해 보세요. 문화, 남녀, 언어, 지역 등 다르거나 비슷한 것을 병렬로 나열해 '주거니 받거니, 쿵짝 쿵짝' 같이 정보 전달에 리듬감을 담아 보세요.
- 3개 이상의 구성을 반복하기

예를 들어 식물에 대한 그림책이라 할 때, 한 개 식물의 구조를 세세하게 담은 그림 1점, 식물에 담긴 여러 나라의 전설을 담은 그림 1점, 식물의 효용 및 활용을 담은 그림 1점, 총 3개 그림을 식물마다 반복해 구성하는 겁니다. 소재를 무엇으로 잡느냐에 따라 3개 이상이 될 수도 있겠죠?

스토리보드가 뭐지?

 스토리보드란 표지, 내지를 포함한 그림책의 전 페이지를 한 장의 종이(썸네일)에 각각 그려 판에 펼쳐 놓은 것을 말합니다.

 썸네일 : 스토리보드 안의 작은 컷(7-4cm, a4 20등분, 이 크기를 꼭 지켜야하는 건 아닙니다.)을 의미합니다. 판형(직사각형, 정사각형)을 고려한 비율로 펼침면으로 작업합니다.

 장면별로 나누어 붙이면 작업 중 장면 추가, 삭제 시 편리합니다.(그림이 많지 않을 땐 한 장의 종이에 간략히 표현하기도 합니다.)

스토리보드의 구성

 32면으로 이루어진 스토리보드라 할 때, 1~4면(권두)은 속표지, 판권지, 저자와 일러스트레이터 정보, 간략한 저자의 말 등이 들어가고, 5~32면엔 본문이 들어갑니다.

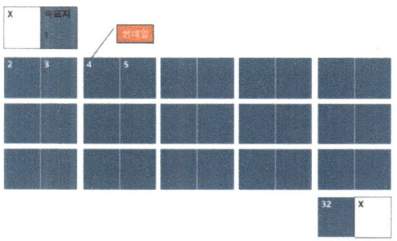

스토리보드 체크 팁

- '맥'의 연결성

그림책은 글보다 그림의 비중이 큽니다. 장면에서 장면으로 넘어갈 때 어색하거나 흐름이 끊기는 곳이 없는지 살펴보세요. 또는 장면 연결의 부족함을 글이 보완하고 있는지 확인해 보세요.

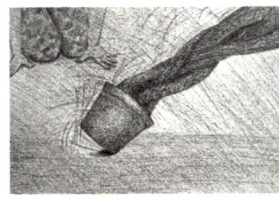  

- 화면 구성의 다각화

장면의 핵심을 파악해 일부 모습을 확대, 과장하거나, 원경으로 표현하는 등 다양한 시도를 권장합니다. 모든 그림이 동일한 면에 있는 것보다 왼쪽 또는 오른쪽 또는 양면을 모두 채우는 등 변화를 주면 보는 재미가 더할 것입니다.

지루할 수 있는 예)

다각적으로 변화를 시도한 예)

- '행'과 '행' 사이, '쪽'과 '쪽' 사이의 휴지기 활용

내용에 따라 장면과 장면 사이에 텅 빈 면을 사용해보는 것을 추천합니다. 글에 있어서도 글자와 글자 사이, 행과 행 사이의 공간을 사용해 긴박함, 여유, 머뭇거림 등을 표현해 보세요.

정말 그럴까?   똑똑!

그림책 속 그림은 무조건 잘 그려야 좋은 걸까?

그림책 속 그림들은 동일한 스타일을 유지하며 여러 장면이 순서대로 나열되어 있습니다. 그림책 한 권의 모든 장면이 각기 다른 재료, 화법을 구사한다면 독자들은 혼란스러워 할 수 있습니다. 그림책 속 그림이 꼭 이래야 한다는 법은 없지만 참고하면 도움이 될 만한 팁들을 정리해 보았습니다.

글 명확히 파악하기

그림 작업에 앞서 글의 의미, 내용을 명확히 이해해야 합니다. 글의 분위기 느낌까지 면밀히 알면 전체적인 색감, 스타일을 정하는데 도움이 됩니다. 그림책 독자들은 삽화를 통해 그림책의 분위기와 이야기를 더 여실히 느낄 수 있을 것입니다.

그림의 가독성

가독성이 좋아야 합니다. 그림이 읽혀야 한다는 것입니다. 글 중심의 책에서는 배경, 인물의 표정, 위치들을 일일이 글로 묘사하지만 그림책은 그림이 이 모든 것을 대신할 수 있습니다. 그만큼 이야기에 충실한 그림을 그려주는 것이 좋습니다.

실물을 참고해서 그리기

우리의 뇌는 단순한 것을 좋아합니다. 복잡한 것을 보아도 뇌는 단순하게 기억하려 합니다. 점 두 개 아래에 일직선 또는 반원이 있는 이미지를 보면 얼굴로 인식하는 것과 같습니다. 그래서 그림을 그릴 때 상상에 의존하기보다는 기존 사물이나 사진을 참고하는 것도 좋습니다.

- 사진도 작가의 시선과 의도에 의해 각색되기도 합니다. 사진을 참고할 때는 작가의 개성이 최소로 들어간 사실 그대로의 사진을 추천합니다.

- 때론 머리 속에 떠오른 선명한 이미지도 좋은 원천이 될 수 있습니다.
- '보고 그리라는 거야? 말라는 거야?' 라는 소리가 들리는 듯합니다. 형상이 애매하면 보고 그리세요. 하지만 너무 보고 그리면 거기에 얽매여 작업이 더뎌질 수 있습니다. 연습을 통해 표현에 익숙해지길 추천합니다.

주제를 중심으로 그림 스타일, 재료 정하기
 주제, 아이디어에 따라 다양한 재료를 혼합해 사용해도 좋습니다. 과장, 축소, 화려함, 소박함, 복잡, 단순 등 다양한 스타일을 활용하세요. 하지만 지나친 허세, 꾸밈은 독자의 주의를 산만하게 할 수 있습니다. 글의 분위기, 메시지를 명확히 판단해 그림 스타일과 재료를 선별해 보세요.
 하나의 스타일에 스스로를 묶어두지 마세요. 책 전체에 걸쳐 일관되게 표현하는 것은 좋지만, 여러 책에 하나의 스타일만 고수할 필요는 없습니다. 나만의 스타일을 발견했다면 그 방식을 유지하는 것도 좋고, 메시지에 따라 변화를 주는 것도 좋습니다. 이 또한 답은 없지만 한 스타일에 묶여 괴롭다면, 하나의 스타일을 찾아내야 한다는 강박에 시달리고 있다면 꼭 그러지 않아도 된다는 것을 말씀드리고 싶습니다. 여러 스타일을 구사하는 작가들도 많답니다.

자기 자신에게 떳떳하기
 여러 장의 그림을 그리다 보면 같은 장소, 인물, 사물 등에서 작은 오차를 발견하기도 합니다. 한두 장도 아니고 몇 장에 걸쳐 오류를 발견하면 내심 그냥 넘기고 싶을 때가 있습니다. '설마 알까?' 싶지만 독자들은 그 누구보다 빠르게 찾아낼 겁니다. 마지막까지 최선으로 그려내세요. 자기 자신에게 떳떳할 거예요.

나만의 그림 스타일 만드는 팁
- 표현 방법 즉 기술을 익힙니다.
  예) 달리는 모습과 걷는 모습의 차이 표현, 웃는 모습이 우는 모습이 아니도록 등.
- 다양한 미술 재료를 다루어 보며 재료들의 물성, 기법을 익힙니다. (스스로 발견해 보는 것도 추천합니다.)
- 내 손이 그린 그림을 인정해 줍니다.
- 자기 자신을 참고합니다.

내가 하는 행동이 나만 그렇게 할까요? 행복하면 웃고, 부끄러우면 고개를 숙이거나 돌리거나 얼굴을 가립니다. 특정 상황의 모습이 떠오르지 않는다면 내가 직접 연기하고 사진을 찍어 그림에 참고하세요. 인물 표현에 나만한 것이 없습니다. 주인공이 독특한가요? 그럼 내가 하는 행동 중 남들과 다른 모습이 있다면 이를 활용하는 것도 추천합니다.

- 타 작가들의 작품을 많이 보고 활용합니다.
- 최선을 다하면 결국 '내'가 묻어납니다.

장면, 분위기, 표정 등 매 장면마다 최선을 다해 표현하려 노력하면 결국 '작가' 고유의 스타일이 묻어나게 되는 것 같습니다. 완벽한 그림이 아닌 메시지에 충실한 그림을 목표로 한다면 그 어느 작품보다 독창적인 결과물이 탄생할 겁니다.

그림책 속 그림 그릴 때 체크 사항

스케치할 때
- 추천 스케치 순서 : 러프스케치-전체 구성 확인-세밀화 작업
- 책의 구조 고려하기
  〉가운데 접힘 : 중요 인물, 글을 책이 접히는 가운데 놓지 않습니다.
  〉오른쪽에서 왼쪽으로 넘길 때 시선은 왼쪽에서 오른쪽으로 이동한다. 전진, 성장 등을 표현할 때는 왼쪽에서 오른쪽 방향으로, 후진, 도태 등을 표현할 때는 오른쪽에서 왼쪽 방향으로 그립니다.
- 숲을 그리고 나무 가꾸기
  〉장면 전체를 대략적으로 그린 후 그림의 연속성, 리듬, 클로즈업, 원경, 크기, 위치 등 큰 흐름을 체크합니다. 이후 세부 묘사(인물, 배경, 중요한 사물 등)합니다.
  〉색감, 톤, 느낌 등을 메모해 두면 좋습니다.
  〉장면이 너무 변화무쌍하거나 지루하지 않도록 합니다.
- 글 위치 정하기
  〉글자가 들어가는 곳을 정해 복잡한 묘사를 피합니다.
  〉아이코노텍스트와 같이 글자를 그림의 일부처럼 활용해 시너지를 더합니다.
  〉장면마다 글 위치가 너무 유동적이지 않도록 합니다.
- 동일성 유지 : 장면이 바뀌어도 변하지 않는 인물의 스타일, 배경 속 사물 등이 있다면 일관성을 고려해 그립니다.

채색 전에
- 이야기의 전체적인 분위기 파악하기 : 귀여운, 밝은, 어린, 성숙한, 우울한, 슬픈, 기묘한, 무서운 등
- 색감 정하기 : 파스텔톤, 모노톤(흰색, 검정 등 단조로운), 웜톤, 쿨톤 등

채색할 때
- 처음 채색을 완성한 장면을 기준으로 삼아 끝까지 유지합니다.
- 분위기 전환이 있을 경우 동일한 분위기끼리 묶어 작업합니다.
- 장면이 바뀌어도 각 장면 내에 변하지 않는 것(캐릭터, 사물, 배경 등)의 동일성을 유지합니다.

저는 이렇게 그렸어요.
송송어와 아기해녀의 제주 밤하늘 여행

- 대상 : 어린이, 마음에 동심을 간직한 성인
- 그림 분위기 : 밝고 사랑스러움
- 사용 재료 : 수채 색연필

동화책과 컬러링을 함께 구성한 책입니다. 휴대가 간편하고 일상에서 쉽게 구할 수 있는 수채 색연필로 채색했습니다. 삽화의 주 배경이 물과 하늘입니다. 맑고 투명한 표현에도 적합한 재료입니다.

제주 버킷 리스트 31

- 대상 : 제주도에 관심있는 누구나
- 그림 분위기 : 판타지, 동화
- 사용 재료 : 유성 색연필

휴대가 간편하고 일상에서 구하기 쉬운 재료입니다. 판타지 동화같은 분위기, 깊고 부드러운 색감 표현에 적합니다.

까망새 이야기(가제)

- 대상 : 부정적인 유혹 앞에 선 청소년부터 성인까지
- 그림 분위기 : 무서움, 번짐, 짙음, 판타지
- 사용 재료 : 수채 물감

수채 물감은 제조 회사나 색마다 번짐의 정도가 조금씩 다릅니다. 물 번짐이 숫자처럼 딱 떨어지는 것이 아니어서 예상치 못한 결과들로 진땀 빼곤 했지만 이 작업을 통해 수채물감의 매력을 충분히 느낄 수 있었습니다. 얼룩진 느낌, 짙고 선명한 색 표현도 모두 가능해 무서운 장면 표현에 최적이었습니다.

우리 그냥 살아보자

- 대상 : 성인
- 그림 분위기 : 너무 가볍지도 심각하지도 않음, 살짝의 위트
- 사용 재료 : 일러스트레이션 프로그램

선 그림의 경우 컴퓨터를 활용하면 선 두께에 상관없이 깔끔하게 인쇄돼 좋습니다. 삶의 가치를 다룬 책으로 가볍지 않게 흑백 삽화를 택했습니다. 그렇다고 너무 심각한 이미지도 싫어 피식 웃을 수 있는 손 그림 느낌을 넣으려 노력했습니다.

도련이 뭐지?

인쇄 시 큰 종이에 여러 면을 인쇄해 잘라냅니다. 재단 사이즈대로 인쇄해 자르면 칼날이 지나가는 약간의 오차로 인쇄가 안된 면이 보일 수 있습니다. 이를 방지하기 위해 실작업규격(사방에 도련 사이즈 2~4mm를 더한 크기)으로 인쇄를 하고 잘라냅니다. 그럼 살짝의 오차가 생겨도 문제가 없겠죠?

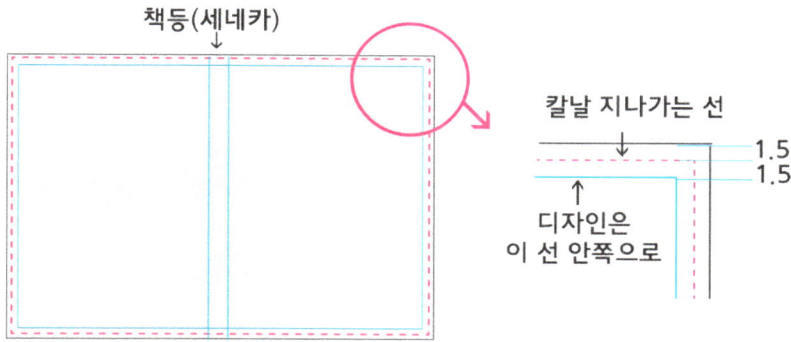

바탕(베다) 이미지가 있는 경우, 반드시 작업선까지 채워야 재단 후 흰 여백이 보이지 않습니다. 문자나 이미지 등을 재단선 안쪽, 디자인선(Safe Zone) 안쪽에 배치해 작업합니다.

인쇄할 때 해상도는 왜 300일까?

 300은 인쇄 현장에서 통용되는 해상도입니다. 무조건 이 해상도이어야 하는 것은 아니지만 10년 이상 검증되어 대부분의 현장에서 사용되고 있습니다. 하지만, 편집 작업에 들어가기 전에 선정한 인쇄소의 홈페이지나 유선을 통해 작업 안내 사항을 꼭 확인하세요. 종류에 따라 안내하는 해상도가 다를 수 있습니다.

 • 픽셀 : 디지털 이미지를 크게 키웠을 때 보이는 작은 정사각형 모양의 점들입니다. 각각 색상 정보를 갖고 있는 점들이 모여 이미지를 구성합니다.

왼쪽 이미지를 크게 키우면 오른쪽처럼 보입니다.

 • 해상도 : 1인치당 가로 픽셀의 수, 세로 픽셀의 수를 나타냅니다. Full HD 1920x1080=2,073,600로 200만 화소가 넘는 해상도임을 알 수 있습니다. 컴퓨터 모니터 단위는 Pixel이므로 PPI(Pixel Per Inch), 인쇄 현장에서는 DPI(Dot Per Inch)를 사용합니다.

RGB, CMYK 무슨 차이지?

 RGB(Red, Green, Blue) 디지털 즉 컴퓨터에서 빛으로 색을 표현하는 방식으로 가산 혼합법입니다. Red, Green, Blue 색을 더해 색을 표현해 각 알파벳의 앞 글자를 따 RGB라 합니다. 빛에 빛을 더하면 밝아집니다. 빨간빛, 초록빛, 파란빛을 더하면 더할수록 흰색에 가까워집니다.

 CMYK는 Cyan녹청, Magenta자홍, Yellow노랑, Black검정 4가지색 잉크를 섞어 색을 표현합니다. 물감으로 여러 색을 섞을수록 검정에 가까워집니다. 감산 혼합법으로 아무 색을 쓰지 않아야 흰색입니다. 마지막 글자 K는 검정 Black의 B와 Blue의 B가 같은 글자여서 Black의 끝 글자 K 또는 색조를 의미하는 Key의 K에서 따왔습니다. 인쇄, 출판을 목적으로 하는 작업은 반드시 CMYK모드로 변환 후 작업해야 합니다. 일반적으로 CMYK 4색을 혼합해 만들기 때문에 4도 인쇄라고 합니다.

RGB에서 CMYK로 변환하면 왜 어두워질까요?

 혼합 방식 자체가 다르므로 그럴 수 밖에 없습니다. CMYK가 표현할 수 있는 색상 범위는 RGB로 표현할 수 있는 색상범위보다 적습니다. 이 점을 감안하고 포토샵으로 색을 보정해 주어야 합니다.

- 보정 방법 : 자신이 사용하는 모니터의 특성을 파악해야 합니다. 모니터에서 보이는 이미지와 이를 인쇄한 출력물을 비교하며 감을 익혀두면 좋습니다.

My Case

 제 컴퓨터 모니터는 출력물보다 노란 느낌이 더해져 보입니다. 그래서 작업할 때 실제 인쇄물은 노란 색감이 덜 할 거라 예상하며 작업합니다.

- 단색 작업시에는 컬러차트를 이용합니다. 시중 서점에 컬러차트 책이 많이 있습니다. RGB값, CMYK값을 모두 포함한 책을 몇 권 소장하는 것을 추천합니다. 이 때엔 모니터 색은 무시하고 책에 나타난 색을 참고해 작업합니다.

> **My Case**
> 책을 고를 땐 여러 권을 비교해 보세요. 자신이 주로 사용하거나 선호하는 스타일의 컬러 조합이 들어간 책을 우선 보세요. 그 한 권으로 일단 시작해 보세요. 컬러 차트 사용이 익숙해지면서 책 또는 인터넷을 통해 유용한 컬러를 얻는 방법을 터득하게 될 겁니다. 이 또한 시작해봐야 알 수 있습니다.

글꼴도 막 쓰면 안 되는 거야?

컴퓨터에 이미 설치되어 있는 서체라 해도 저작권이 있습니다. 개인, 비상업적 용도로의 사용은 무방하나 서체에 따라 주의가 필요합니다. 인쇄물을 제작할 때에는 해당 글꼴의 사용 범위를 반드시 확인해 저작권적으로 문제가 발생하지 않도록 해야 합니다.

눈누, 카페 24, 문체부 안심 글꼴파일 서비스, 네이버 나눔 글꼴 사이트, 한국출판인회의 Kopub체, 구글과 어도비에서 개발한 Noto Sans CJK KR 등 무료로 글꼴을 제공하는 곳들이 있습니다. 아무리 무료 다운로드라 해도 때에따라 방침이 바뀔 수 있으니 사용 전 라이선스 확인은 필수입니다.

책에도 명칭이 있어?

 그동안 책을 그렇게 많이 보았는데도 막상 작업에 들어가니 정확한 명칭이 떠오르지 않았습니다. 낯선 명칭도 있고요. 각 명칭은 다음과 같습니다.

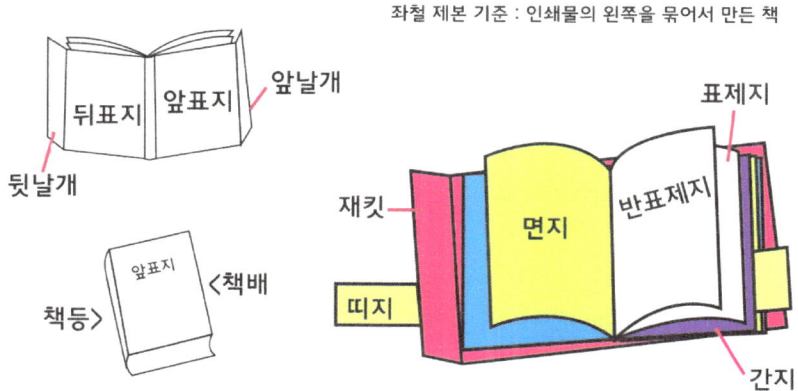

좌철 제본 기준 : 인쇄물의 왼쪽을 묶어서 만든 책

표지 디자인 어떻게 하지?

책을 고를 때 무엇을 먼저 보나요? 표지가 아닐까요?
표지에서도 무엇을 보나요? 책 제목? 그림? 디자인?
어떤 책들은 책등이 보이도록, 어떤 책들은 앞표지가 보이도록 전시되어 있습니다. 책등도 앞표지도 모두 독자의 시선을 사로잡으려 최선을 다 한 것이 느껴지나요?

표지 디자인에 참고하세요
- 표지 전체 : 책의 주제, 분위기를 내포한 제목, 디자인, 그림, 색감을 추천합니다.
- 제목 : 독특하고, 단순하며, 기대감을 줄 수 있으면 좋습니다. 결말을 알려주지 않습니다. 원고 내 시선을 끄는 문장 또는 단어 활용도 참고해 보세요.
- 표지 그림 : 그림책 전체 분위기, 이야기를 궁금하게 하는 암시적 그림 또는 본문 그림 중 특정 장면을 활용하는 것도 좋습니다.

이 또한 답은 없습니다. 시대의 흐름에 따라 선호하는 스타일이 계속 바뀌고 있으니까요. 그러니 서점으로 가세요. 인터넷 속 서적 관련 사이트를 보세요. 출판사들의 노고로 만들어진 표지들을 보며 트렌드를 파악하고 스타일을 참고하세요. 물론 당신이 더 멋진 아이디어로 판도를 바꿀 수도 있을 겁니다.

판형이 뭐야?

판형이란 책이 인쇄되는 가로, 세로 크기를 말합니다.

 종이 생산 공장에서는 아주 긴 종이를 롤로 말거나 재단해 판매합니다. 종이 재단 시 공장마다 크기가 다르거나 인쇄소마다 다른 규격으로 주문을 하면 혼란스러운 상황이 많을 겁니다. 그래서 규격을 정하고 이름을 붙입니다. A전지, B전지, 46전지 등.

 한국산업규격(KS)에 규정되어 있는 표준 절수(8절, 16절 등) 규격은 종이의 낭비 없이 가장 최적으로 재단하는 방법으로 구성되어 있습니다. 기본 판형을 이해하면 가장 종이 낭비가 적은 판형을 선택해 합리적인 견적을 제안할 수 있습니다.

 '손실률이 높다'는 말은 사용하는 종이 대비 버려지는 종이가 많은 경우를 가르킵니다.

 꼭 규격 사이즈를 지켜야 할까요? 그건 아닙니다. 본인이 원하는 사이즈로 재단 및 제작 가능합니다. 이 경우에도 규격 사이즈를 참고한다면 종이와 재정 낭비를 줄일 수 있습니다.

판형 참고

판형	크기	용도
A4 국배판	210*297	잡지나 디자인 서적
A5 국판	148*210	교과서, 단행본 등 일반 서적
A5 변형 (신국판)	152*225	소설, 단행본 등 두께 있는 일반 서적
A6 국반판	148*105	단행본, 수첩 등
B5 45배판	254*188	노트, 교재
B6 46판	188*127	일반 단행본
46배판	188*257	교과서, 참고서, 그림책 등
46판	127*199	얇은 독립 서적이나 단행본

A전지, B전지
국제 표준 규격입니다.

크기(단위 : mm)

	A전지
A1	594x841
A2	594x420
A3	297x420
A4	297x210
A5	148x210
A6	148x105

크기(단위 : mm)

	B전지
B1	728x1030
B2	728x515
B3	364x515
B4	257x364
B5	182x257
B6	182x128

국전지, 46전지
일본에서 넘어온 용지 규격입니다.

크기(단위 : mm)

절	국전지(A계열)
전지	636x939
2절	468x636
4절	318x468
8절	234x318
16절	159x234
32절	117x158

크기(단위 : mm)

절	4x6전지(B계열)
전지	788x1091
2절	545x788
4절	394x545
8절	272x394
16절	197x272
32절	117x158

어떤 용지를 사용해야 하지?

종이는 보통 일반지와 고급지로 나뉘며, 80, 100, 120, 150 등 수치가 올라갈수록 강하고 두꺼워집니다. 평량(1제곱미터당 무게, 책의 두께에 영향을 미침)이 동일해도 종이의 종류에 따라 두께가 다릅니다. 너무 얇으면 뒷면이 비칠 수 있고, 두꺼우면 무겁게 여러 장이 넘어가 버려 넘김성이 좋지 않습니다.

참고 용지
- 그림 중심의 결과물(발색이 좋음) : 랑데뷰, 아르떼, 몽블랑
- 일반적으로 많이 사용하는 내지 : 모조지(=백상지/같은 평량 대비 무거운 느낌), 마카롱(같은 평량 대비 모조지보다 가볍다), 클라우드
- 두꺼우면서 가벼운 결과물 원할 때 : 그린라이트, 이라이트(친환경 재생 용지, 모조지보다 거친 느낌, 눈 피로가 덜하다)
- 이미지를 주로 사용할 경우 : 아트지(광택이 돌고 두께감 있다. 정확한 색 표현에 적합하다. 전시도록, 사진집 등에 많이 사용한다.), 스노우지(무광택이지만 인쇄 후 은은한 광이 돈다. 인쇄 후 건조 속도가 빠르다.)

참고 평량
- 단행본 내지 : 80~120g
- 그림/ 사진집 내지 : 100~200g
- 책 표지 : 210~250g

제본이 뭐야?

책을 묶는 방식을 제본이라 합니다.

중철(Saddle Stitching)
실이나 철사로 접히는 한가운데를 묶는 방식입니다.

무선철(Adhesive Binding)
풀메기, 실이나 철사가 아닌 풀로 묶는 방식입니다.

스프링
구멍을 뚫어 스프링으로 엮는 방식입니다.

반양장
실로 묶지만(인쇄소마다 풀로 묶기도 함) 표지와 책등을 풀로 붙이는 방식입니다.

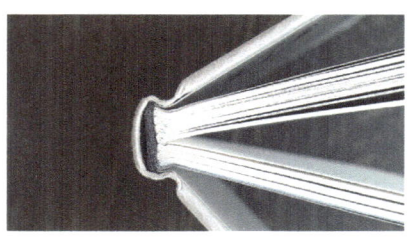

양장(Hard Cover Binding)
내지 묶기와 표지 제작을 별도로 작업한 뒤 합치는 방식입니다.

가제본 만들어야 하나?

 그림을 펼쳐놓고 볼 때와 책장을 넘기듯 볼 때 읽히는 방식이나 느낌이 다릅니다. 가제본은 기획 초반에 만들기도 하고 그림과 스토리가 모두 완성된 후 출판 전에 책자로 인쇄해 체크하기도 합니다. 최대한 계획한 판형에 가까울수록 인쇄 후 발생할 수 있는 손실을 최소화할 수 있습니다.

 연습할 때 일상에서 쉽게 접할 수 있는 A4용지를 활용해 보세요.
- A4 8장을 반으로 접어 가운데를 스테이플러로 집어서 만듭니다.
- 각 페이지에 페이지 숫자를 넣습니다.
- 하나하나 넘기며 실제 책을 상상하며 전체 구성을 체크합니다.

책 만들고 파는 거 혼자도 가능할까?

작가 1인이 그림, 글(콘텐츠)을 생산하여 편집 및 인쇄, 유통에 이르기까지 모든 분야에 적극적으로 개입하는 출판을 독립출판이라 합니다. 만든 책에 ISBN번호를 부여받으려면 출판사 신고 후 사업자 등록해 서지정보유통정보시스템에서 ISBN 번호를 신청해야 받을 수 있습니다. 이 과정은 혼자서도 충분히 할 수 있습니다.

• 상호 검색 : http://book.mcst.go.kr
동일한 이름의 출판사, 인쇄사가 있는지 검색합니다.

• 출판사 신고 : 온라인-민원24, 오프라인- 관할 구청 및 주민센터
신분증, 임대차계약서(사무실이 있는 경우), 출판사 신고서(센터 직접 작성 및 국가법령정보센터) 지참합니다.

• 사업자 등록 : 온라인-국세청 홈택스, 오프라인-관할 세무서(출판사 신고 확인증, 신분증, 임대차계약서, 사업자 등록 신청서 지참합니다.)

• ISBN : 서지정보유통정보시스템 [회원가입-〉온라인 교육이수-〉발행자 번호(출판사 고유번호) 신청-〉ISBN 번호 발급]

• 책 제작 : 인쇄소(소다프린트, 북토리, 성원애드피아, 레드프린팅, 후니프린팅 등)에서 제작합니다.

• 납본 : 국립중앙도서관에 2권 납본하고 1권에 대해 보상 받습니다.

내 책을 어디서 어떻게 팔지?

 온라인과 오프라인 모두 도전해 보세요. 서점, 독립서점, 북페어(제주북페어, 부산북페어, 서울국제도서전 등), 플리마켓 등에 직접 방문 및 참여해 보세요. 온라인에 네이버 스마트스토어 같은 서비스를 이용해 직접 판매하거나 교보문고, 영풍문고, YES24, 알라딘 등을 통해 대행할 수도 있습니다. 1인 독립출판물을 대상으로 대행해주는 곳들(ex: 인디펍)도 있으니 적극 활용해 보세요.

 '유통' 관련해 다음과 같은 곳들이 있습니다. 참고하세요.
- 창고 : 책을 보관하는 곳입니다.
- 배본사 : 책을 보내주는 곳입니다.
- 총판 : 좀 더 적극적으로 책을 서점에 공급하고 영업을 대행해 주는 곳(북센, 인디펍, 한국출판협동조합 등)입니다.

 요즘은 '배본사'로만 알고 있던 곳이 '총판'의 역할을 해주기도 하고, 책을 인쇄해 주는 곳에서 출판 대행을 해주기도 합니다. '우리는 딱 이것만 해'하는 곳은 없는 것 같습니다. 그러니 일단 어느 곳이든 한 곳을 정해 안내 사항을 자세히 읽어보세요. 가격이나 조건이 수용할만 하다면 한 번 이용해 보세요. 작은 시작을 통해 여러분의 시야가 넓어지고 답도 구체적으로 얻게 될 겁니다.

My Case

 첫 책을 만들고 판매가 될까? 궁금했어요 그림 판매를 시작했던 플리마켓에서 책도 내놓아 보았어요. 첫 책이 판매되고, 동네 책방, 소품샵 등을 직접 방문해 판매 가능한지 여쭈었죠. 온라인에서 인스타, 블로그 등에 '책 만들었어요.' 소소한 홍보글을 올리고, 제

스마트스토어를 오픈해 판매도 시작했어요. 그러다 독립출판물을 대상으로 대행해 주는 '인디펍'을 우연히 접했어요. 중대형 출판사들이 이용하는 곳들은 이용료가 부담돼 엄두도 못 냈는데, 이곳은 한 번 도전해 볼 만했어요. 그렇게 조금씩 조금씩 영역을 넓혀 나갔어요. 텀블벅, 와디즈 같은 펀딩도 언젠가 도전해 볼까 해요.

책값은 어떻게 매기지?

시중에 내 책과 비슷한 책들의 가격이 어떻게 형성되어 있는지 전체적으로 파악해 보세요. 혼자만의 판단으로 너무 저렴하거나 너무 비싸면 시장에서 오히려 외면당할 수 있습니다. 책값에 정답은 없습니다. 하지만 디자인비, 편집비, 인쇄비, 스캔비, 제본비, 후가공비 등 직접비와 인건비, 소모품비, 관리비, 물류비, 광고비 등 간접비를 꼭 고려하세요. 그렇지 않으면 판매가 계속될수록 손실일 수 있습니다.

계속해서 작업하는 팁

 그림책 만들기라는 긴 여정 가운데 수많은 생각과 변화무쌍한 마음 상태로 힘든 과정을 겪곤 했습니다. 글을 쓰고 다듬고 그림 그리는 시간 중 홀로 겪어내야 하는 고독감, 걱정, 불안 등으로 한 발자국 떼기도 힘든데 외부의 시선, 걱정을 빙자한 제동, 두루뭉술한 조언, 불필요한 비교, 자기중심적 비평 등은 후회, 좌절 때론 죄책감까지 불러왔습니다.

 그럴 때 즐겨 읽던 책 속 쉽지 않은 삶을 살아낸 선배 작가들의 응원이 마음을 지탱해 주었습니다. 그래서 더욱 홀로 꼿꼿이 서려 노력했습니다.

 마음도 실력도 경험도 여려 상처받기 쉬운 초기엔 오로지 작품을 만들어내는 것을 목표로 나아갔습니다. 만든 작품을 자기만족에서 끝내는 것이 아닌 사람들과 소통하고 싶어 그때 제가 소비 가능한 예산 내에서 거절로 인한 마음의 상처를 감당할 수 있을 만큼 도전했습니다. 작은 플리마켓, 북페어, 열린 생각과 작가를 응원하는 마음으로 판매를 허락해 주신 여러 판매처를 시작으로 조금씩 세상에 작품을 드러낼 용기를 키워갔습니다. 한 걸음 나아가면 두 걸음 배웠습니다. 두 걸음의 배움은 다시 4걸음을 나아가게 했습니다. 그 4걸음 위에서 그때의 제가 흡수할 수 있는 정도의 책들을 보며 공부했습니다. 좋아하는 작업이었기에 배움도 즐거웠습니다. 그렇게 계속해서 나아갔습니다.

 999명이 외면했어도 단 한 사람이 단돈 천 원짜리 엽서를 사주면 원동력으로 삼았습니다. 그림책을 만들 때 너무 힘들고 지치면 앞서 만들어낸 작품들을 보며 포기하지 않았습니다. 어둠 속 아주아주 작은 빛이 보이면 빼곡한 어둠이 아닌 작은 빛만 보며 나아갔습니다. 그리고 끊임없이 저 자신에게 묻고 저를 알아가려 노력했습니다.

 '이 정도면 할만하겠니? 괜찮아? 즐겁니? 해봐야 하지 않을까? 언

제까지 머물러 있을 순 없잖아. 도전하자. 해보자.'

할 수 있는 만큼보다 조금 더 힘써 도전하려 했습니다. 비교, 판단보다는 나 자신을 가꾸는데 더 마음을 쓰려 했습니다. 어둠보다는 미약하더라도 빛에, 부정보다는 긍정이려 애썼습니다. 그렇게 노력하며 계속해서 세상 밖으로 작품들을 꺼내 외부의 시선과 판단에 노출시키며 타인으로부터 오는 힘에 서서히 적응할 수 있도록 면역력을 키우는데도 시간을 할애했습니다.

그렇게 조금씩 조금씩 끊임없이 나아가다 보니 벌써 약 9년의 시간이 흘렀습니다. 그림만을 가지고 시간을 따지면 약 6세부터 지금의 제 나이 정도의 연수가 되겠네요.

몸에 좋은 한약도 이를 약으로 받아들일 수 있는 몸 상태가 아니면 독이 된다고 하지요. 계속하는 힘은 나 자신을 먼저 아는 것에서 시작된다고 봅니다. 감당할 수 있는 정도의 힘, 버틸 수 있는 힘을 알아야 합니다. 시작부터 자신에게 버거운 외부의 힘에 노출시켜 쉬 꺾일 것 같다면 작품 완성에 최우선 목표를 두는 것도 좋다고 봅니다. 그리고 감당할 수 있는 만큼 노출시켜 보세요. SNS도 좋고, 작은 플리마켓도 좋습니다. 그렇게 스스로에게 기회를 줘보세요. 외부 힘을 영양분으로 받아들일 수 있는 마음의 면역력을 키워가며 포기하지 말고 계속해서 작업해나가길 바랍니다.

언젠가 반드시 당신의 진정성을 알아보는 이들을 만나게 될 것입니다.

▶ | 마치고 보니

이 책을 선택했던 첫 마음만큼 일단 읽어보니 어떠신가요? 해볼만 하다는 생각이 드셨나요? 일단 시작해 보셨나요? 일단 만들어 보셨 나요?

'그림책 일단 끝까지 만들고 보자'를 기획하며, 워드에 글의 줄거리를 타이핑하며, 다듬으며, 인디자인으로 옮기며 한 문장을 반복해 되뇌었습니다. '일단 끝까지 만들고 보자.'
 결국 제목이 이 책을 끝까지 만들 수 있게 했습니다.
 내지 디자인을 어느 정도 마무리 짓고, 표지 디자인까지 얼추 마치니 숨통이 트이는듯 합니다. 이제야 좀 여유롭게 한 글자 한 글자 다듬게 됩니다.
 여러 권의 책을 만들며 매번 비슷한 과정을 거칩니다. 그래도 계속할 수 있었던 것은 그 책들을 통해 전하고 싶은 메시지가 독자의 입을 통해 제게 다시 들려올 때의 기쁨, 성취감 때문입니다.
 이 책도 그랬으면 좋겠습니다.
 저도 수많은 그림책들, 실용서적들을 통해서 배웠습니다. 긴 시간을 들여 터득한 자신의 지식과 노하우, 생각 등을 그림과 글, 책으로 만들어 저렴하게 배울 수 있도록 베풀어주심이(도서관이라면 무료) 감사했습니다. 제가 첫 책을 만들고 나니 그 노고가 얼마나 큰지 더 잘 알게 되었습니다. 그래서 저도 그분들처럼 언젠가 한 분야에 좀 더 능통하게 되면 나 같은 독학자들, 정말 어떻게든 하고 싶은 이들을 대상으로 책을 만들어 나누어야겠다 생각했습니다. 서고 어느 한 구석에 꽂혀있다 해도 만날 책은 꼭 만나게 됩니다. 이 책도 열망하는 이들에게 가닿을 거라 생각합니다.
 무엇이든 행동하기 전에는 모든 것이 희미하고 불가능해 보이지만
 일단 시작하고 찾고 두드리면 세상은 생각보다 많은 가능성들로 가득함을 발견하게 될 겁니다. 나보다 앞서 나아간 이들이 그 증거입니다.

당신도 꼭 해내세요. 만들어 내세요.
그리고 또 다른 '해내기 전의, 만들어내기 전의' 당신들에게 빛이 되어 주세요.

저도 그 빛들 중 하나이고 싶습니다.

감사합니다.

참고 문헌

- 그림책들 : 전 세계 수많은 작가들의 그림책들이 가장 큰 참고문헌이었습니다. 그림책을 이론으로 공부하며 도움이 되었던 몇 권을 소개합니다.
  - 현은자 외(2024) 즐거운 그림책 쓰기 학지사
  - 유리 슐레비츠(2017) 그림으로 글쓰기 다산기획
  - 현은자 외(2004) 그림책의 그림읽기 도서출판마루벌

 도서관과 인터넷 검색창에서 편집, 인쇄, 출판, 디자인, 글쓰기, 마케팅, 브랜딩, 그림책 등의 단어와 연관된 서적, 블로그, 개인홈페이지, 유튜브 동영상 등을 찾아 이미 많은 이들에게 공유된 지식과 노하우를 무한히 흡수하려 했던 시간들이 있었습니다.
 그림책은 글, 그림 그리고 이 둘의 연합으로 이루어진 작품입니다. 소재 찾기부터 인쇄, 출판, 판매까지 생각한다면 이와 관련된 다양한 지식을 고루 익혀 깊이를 더하길 권합니다.
 다양한 매체로 자신의 지식과 노하우를 공유해 주신 많은 작가님들께 감사를 전합니다.

YOUR CASE